供应链2035
智能时代供应链管理

宫迅伟 刘婷婷 邓恒进 ◎著

Supply Chain in China 2035
Supply Chain Management in the Era of Intelligence

图书在版编目（CIP）数据

供应链 2035：智能时代供应链管理 / 宫迅伟等著 . —北京：机械工业出版社，2023.6（2025.1 重印）

ISBN 978-7-111-72949-5

I. ①供⋯　II. ①宫⋯　III. ①智能技术 – 应用 – 供应链管理 – 研究　IV. ① F252.1

中国国家版本馆 CIP 数据核字（2023）第 058395 号

机械工业出版社（北京市百万庄大街 22 号　邮政编码：100037）
策划编辑：杨振英　　　　　　　责任编辑：杨振英
责任校对：王荣庆　　王 延　　责任印制：常天培
固安县铭成印刷有限公司印刷
2025 年 1 月第 1 版第 4 次印刷
170mm×240mm・15.25 印张・1 插页・213 千字
标准书号：ISBN 978-7-111-72949-5
定价：79.00 元

电话服务　　　　　　　　网络服务
客服电话：010-88361066　机 工 官 网：www.cmpbook.com
　　　　　010-88379833　机 工 官 博：weibo.com/cmp1952
　　　　　010-68326294　金 书 网：www.golden-book.com
封底无防伪标均为盗版　机工教育服务网：www.cmpedu.com

| 卷首语 |

信息流问题解决了，供应链问题就解决了一半。数字化就是解决信息流问题的工具。物联网（IoT）不仅延展了人的四肢和五官，还拓展了大脑，它在全链路沉淀大数据，通过网络协同使供应链智能化，赋能商业模式。

宫迅伟
中采商学首席专家

| 推荐序 |

供应链管理，需要新的方法论

几年前，很多人觉得谈论战略就有点虚，谈供应链战略那是甚虚。这是本书开头宫迅伟老师提出的观点，我非常认同。

供应链管理获得重视，确实是近些年的事，尤其是这几年地缘政治和新冠疫情对供应链的冲击，让越来越多的人认识到，供应链管理非常重要。

2017年10月国务院办公厅发布《国务院办公厅关于积极推进供应链创新与应用的指导意见》，从此，供应链管理成为国家战略。2022年10月，在党的二十大上，"产业链供应链韧性和安全水平"被写进报告，供应链管理获得空前的重视，各个层级的会议和论坛上大家都在谈论供应链。

我觉得，面向未来，当下有三个供应链热点问题，非常值得大家探讨，需要新的方法论做指引。

第一，打造供应链安全和韧性。

最近几十年，随着经济的全球化，供应链也在全球化布局，但现在，出现了逆全球化现象，供应链面临着脱钩和重构，这自然给供应链管理带来了新的挑战，我们需要研究它。

比方说，在寻源策略上，过去追求低成本，哪里成本低就到哪里去，现在追求低风险，寻找风险更低的地方，以确保供应链关键时刻不掉链子，一旦遇到危机能够迅速恢复，确保供应链的安全与韧性。

要做到这一点，需要供应链管理从战略上做好顶层设计，在组织、流程、人才、风险管理等方面做好落地实施。供应链创新发展的基本目标就是安全和效率，在安全的基础上控制成本，提高效率。

第二，推动供应链数字化转型。

数字化技术正在渗透各个领域，供应链管理也不例外，如何用数字化手段提升供应链效率，改变供应链的运营模式，又是一个新的课题和挑战。

数字化转型已经不是一道选择题，而是必答题。5G、AI、机器人等新技术将在未来的供应链管理中得到更加广泛的应用，发挥更大的作用。同时，数字化也是提升韧性和安全保障能力的技术支撑，要通过基于数字化平台的网络化来实现产业的韧性发展。

供应链强调"以客户需求为导向"，通过大数据技术，可以真正实现客户导向，从销售预测驱动，变成客户需求拉动，传统供应链管理也将变成智慧供应链管理。可以构建供应链协同平台，实现全方位、全流程的协同，运用技术手段规避供应链风险，以技术创新支持供应链全链路管理。

第三，构建绿色低碳供应链。

中国政府已经确立"3060"碳达峰碳中和目标，中国企业在国际化进程中，如果达不到国际绿色低碳标准就出不了国门，供应链管理必须加入"碳"元素，促进各行各业在能源结构调整方面有所作为。

当下，中国经济面临需求收缩、供给冲击、预期转弱三重压力，外部环境动荡不安，给我国经济带来的影响加深。由此可见，供应链管理必须把"当下"和"长远"统筹起来，我们必须研究如何打造可持续的供应链，这不仅仅是资源效率成本的问题，更是能源安全问题。

中国经济由高速增长到高质量发展，经济转型必然要求供应链管理转型。实现这些，需要供应链创新，需要数字化转型，需要广大供应链专业人员不断探索和推动。

  宫迅伟老师长期致力于研究采购与供应链问题，写了好几本书，有自己的心得和方法论，我很赞赏，我们采购与供应链领域需要更多的人具备这种匠人精神。也希望本书的出版，成为一个引子，促进大家对智能时代供应链管理的思考。

蔡进

中国物流与采购联合会副会长

2023 年 2 月 2 日

| 前 言 |

站在未来，指引今天

2018年我写了一本书《采购2025：数字化时代的采购管理》，构建了一幅"数字化采购4.0转型路径图"。之后，我就一直想给这本书写一个姊妹篇《供应链2025》。几次提笔，几次放下，2021年完成了书稿，总是觉得不满意，推倒重来，直至"拖"到今天，书名中的"2025"改为"2035"。

为什么耗时这么久，这几年在干什么？

作为采购与供应链领域的培训师和咨询师，我经常被问到以下这些问题：如何做供应链规划？应该从哪些维度进行规划？能不能帮助企业画一个成长路线图？我很想把这些年的思考与大家分享，或许能够帮助大家整理一下思路，供大家制定供应链战略时参考。

这几年，我经常以"数字化时代，如何打造供应链竞争优势""采购从战略到执行""用321打造供应链竞争优势"等为题，在各种场合进行演讲和培训，也会接到类似"供应链管理提升"这样的咨询项目。每每这个时候，我脑子里面总是在勾画，未来是什么样的？今天在哪里？站在未来看今天，我们应该怎么办？如果能有一个清晰的路径该多好啊！就像一幅导游图，可以让我们清楚地知道何处有美景，如何到达目的地。

为了"看见"未来，追求书稿"完美"，我阅读了大量的书，也访谈了一些企业，组织了多场讨论。越研究越惶恐，越惶恐越不敢动笔，总觉得未来有些深不可测。直到有一天，见到一句话，"人总是高估一年内的变化，低估五年内的变化"，这句话让我恍悟。其实，不是我没有看清楚，而是未来是未知的，谁也不可能看清楚，大家都是探索者。作为一名采购与供应链领域的探索者，我也仅仅是通过这本书，把我看到的、听到的、想到的写出来。

看不清楚，就不需要看了吗？当然不是。就像预测，准确的东西不需要预测，正是因为不准，所以才需要预测。预测未来也一样，正是因为未来多变，预测未来才变得有魅力。要让自己化身为未来主义者，预知众人看不到的变化，看到别人看不到的机会。

实践证明，当你对眼前的事务陷入迷茫的时候，就应该花时间思考未来。当你对未来有一个判断的时候，反而能把企业带入一个新的格局，你的职业生涯也会找到新的方向。当你的企业成为行业领先者，或者是创新企业时，你需要的不是打败竞争对手，而是创造未来。亚马逊前首席执行官杰夫·贝佐斯（Jeff Bezos）曾说：倘若你所考虑的是三年后的商业趋势，你会面对不计其数的竞争者；倘若你所思考的是七八年之后的商业趋势，你将遇到极少的竞争者。

在数字化时代，我们都是"老人"，昨天学到的东西，很快就会过时，因为时代的发展实在太快了。越研究，越发现我们大部分人天天喊着数字化，但思维还是停留在传统时代；越观察，越发现写作这本书很有必要。

我做了一份电子杂志《供应链洞察》，宗旨就是"洞见最前沿，发现新机会"。我为"中采商学"制订了一个计划叫"顶天立地"，这是咨询师的自我鞭策。"顶天"就是要能够触摸到管理的最前沿，甚至引领潮流；"立地"就是要立足于当下，解决当前的问题，解决企业的实操问题。其实所谓的战略问题，也就是解决当下怎么走的问题，而不可能跳到未来，直接解决未来的问题。

"供应链2025"变成"供应链2035"，不只是表面的书名变化，而是看问题的视角更长远了，这样更有利于做规划。尤其是在2020～2022这三年，世界经历了非常大的变化，20世纪90年代风靡的VUCA [volatility（易变性），uncertainty（不确定性），complexity（复杂性），ambiguity（模糊性）] 已经不足以描述当下，2016年诞生的BANI [brittleness（脆弱性），anxiety（焦虑感），nonlinearity（非线性），incomprehensible（难以理解）] 才是当今的写照。从VUCA时代到BANI时代，供应链面临着重大挑战，先是频频听到供应链"重构"，继而听到的就是供应链的"安全与韧性"。北大纵横周国来副总裁跟我说，实现降本增效只是入门者，实现韧性与安全才是大师。我非常认同，这些年，我们太重视成本了。VUCA强调的是不确定性，BANI强调的是不可理解。不确定性是常态，不可理解让我们产生焦虑。我们必须在不确定性中寻找确定性，在不可理解中努力理解。

近几年，周边发生的很多事件，让我们不得不深度思考，供应链未来的角色究竟是什么。供应链战略如何制定？组织架构如何演变？流程如何优化？人才如何培养？技术如何发展？风险如何管控？管理如何创新？针对这七个问题的解决方案构成了供应链战略管理框架，对这七个问题的思考构成了本书内容。

"明者见于无形，智者虑于未萌。"明智的人在事情初始阶段即看出端倪，聪慧的人在事件萌芽阶段就已经谋划对策。

写书的过程是一个总结的过程，也是一个反思的过程。我深刻感悟到，要求自己一定写清楚，这是苛求，面对未来，没有"正确"答案。为未来写书，也不应该追求"正确"答案，而是要促进"思考"。如果能够引发思考，无论是赞成的还是反对的，都是有价值的。知道什么是旧的，才知道什么是新的。

本书定位于"智能时代供应链管理"，不是研究智能技术本身，而是智能时代供应链如何管理。技术问题，交给技术专家，我们是管理者，需要思考如何"管理"。智能是本书的魂，但不能魂不附体，这个"体"，就是供应链管理。

组织规模越大，个人能力越强，就越难转型，越可能失去壮士断腕的勇气，错过未来发展的机会。请闭上眼睛，思考一个问题：在智能时代，我们当下的工作是否会被取代，我们是否仅仅是一名坐在电脑前的"工人"？

时代要抛弃我们，从来不会考虑我们的感受。更可悲的是，被抛弃的往往不乏那些曾经最努力的人。当大潮退去，最好的方式就是站起来，寻找另一片蓝海；而有些"成功者"，留恋于自己的过去，被困死在当下。

参加本书讨论的有樊鑫、谢明荣、金勇、武建军、章洁霏、周美蓉、梁在国、汪浩、颜家平，他们都是卓越的供应链管理实践者，贡献了卓越的智慧。特别感谢樊鑫、谢明荣在本书早期策划阶段的贡献，也特别感谢这几年与我互动较多的震坤行工业超市、甄云科技、京东企业购、阿里巴巴、中兴通讯、广联达科技等企业的管理团队。

致敬思考未来的同行们，让我们一起思考2035智能时代的供应链管理。梦想可能遥不可及，但必须坚定地跨出第一步。加油！

如果你有任何想法和建议，请不吝指正。

邮箱：gongxunwei@cipm-china.com。

宫迅伟

中采商学首席专家

| 目 录 |

卷首语
推荐序
前 言

第 1 章　供应链战略
　　　　　从"预测驱动"到"需求拉动"　　　　　　　　1

1.1　三差分析，打造供应链战略的发动机　　　　　　　　2
　　1.1.1　究竟什么是供应链　　　　　　　　3
　　1.1.2　没有供应链战略，可能断链　　　　　　　　5
　　1.1.3　既要又要还要，不是战略　　　　　　　　7
1.2　对比机会，有没有与时俱进　　　　　　　　8
　　1.2.1　时代变了，你不变不行了　　　　　　　　8
　　1.2.2　AI 来了，低人工成本不再是优势了　　　　　　　　10
　　1.2.3　大数据来了，商业模式变了　　　　　　　　11

1.3	对比标杆，有没有面向未来	14
	1.3.1 华为，提前布局供应链	14
	1.3.2 京东，用"三流"打造"一流"	16
	1.3.3 小米，雷军亲自抓供应链	17
1.4	对比规划，有没有战略一致性	19
	1.4.1 纵向一致，供应链战略要支撑企业竞争战略	19
	1.4.2 横向一致，部门之间要彼此协同	22
	1.4.3 全链一致，企业之间要高效协同	24
1.5	战略落地方法论与工具箱	25
	1.5.1 4P+C 模型，供应链规划的工具	26
	1.5.2 OPPT 模型，战略落地的工具	32

第 2 章　供应链组织
从"各自为政"到"高效协同"　37

2.1	现代战争，"特战队"型组织大显神通	38
	2.1.1 组织的根本任务从未改变	39
	2.1.2 环境变了，组织形态必须应时而变	40
	2.1.3 智能时代，组织必须对外部环境有敏锐的嗅觉	42
	2.1.4 构建有效的基础设施	43
2.2	智能时代，需要高效灵活的"特战队"	44
	2.2.1 不满效率低下，学徒工变成管理大师	45
	2.2.2 受屠宰场启发，福特发明了流水线	46
	2.2.3 个性化需求，呼唤高效灵活的"特战队"	47
2.3	利用网络，小企业也可以干大事	49
	2.3.1 营销渠道，随时随地触达	49
	2.3.2 SaaS 模式，小企业用上大系统	50

2.3.3　专精特新，小生意也有大市场　　　　　　　　52
　　　2.3.4　寻找特种兵一样的创新人才　　　　　　　　54
2.4　借助智能，"大象也可以跳舞"　　　　　　　　　　　55
　　　2.4.1　无边界组织，大企业也可以敏捷灵活　　　　55
　　　2.4.2　阿米巴，实现了组织敏捷灵活　　　　　　　57
　　　2.4.3　后台赋能，听见炮声的士兵可以决策　　　　57
　　　2.4.4　集团部门，要成为共享中心　　　　　　　　60
2.5　创新引领，打造赋能型企业文化　　　　　　　　　　62
　　　2.5.1　共启愿景，打造"合伙人"文化　　　　　　63
　　　2.5.2　互联互通，打造共同创造的文化　　　　　　64
　　　2.5.3　创新引领，打造赋能的考核文化　　　　　　65
　　　2.5.4　拥抱变化，打造快速响应的柔韧文化　　　　66

第3章　供应链流程
从"供需错配"到"精准对接"　　　　　　　　　　　69

3.1　效率低下，流程管理的痛点　　　　　　　　　　　　70
　　　3.1.1　协同的S&OP并没有起到协同作用　　　　　71
　　　3.1.2　"走流程"成为业务的绊脚石　　　　　　　72
　　　3.1.3　信息流问题解决了，供应链问题就解决了一半　74
　　　3.1.4　流程优化没有站在客户视角　　　　　　　　75
3.2　数据驱动，智能化流程的内核　　　　　　　　　　　76
　　　3.2.1　标准化：复制不走样　　　　　　　　　　　77
　　　3.2.2　扁平化：更短、更灵活　　　　　　　　　　78
　　　3.2.3　在线化：全链路、全天候　　　　　　　　　79
　　　3.2.4　自动化：自处理、自反馈、自适应　　　　　81
　　　3.2.5　数字化：数据驱动流程创新　　　　　　　　83

3.3 精准对接，智能时代的追求　　　　　　　　　　　　　84
　　3.3.1 精准研发：为客户创造价值　　　　　　　　　84
　　3.3.2 精准计划：供需云化共享　　　　　　　　　　86
　　3.3.3 精准采购：能力状态可视、可预期　　　　　　88
　　3.3.4 精准制造：敏捷、柔性、可定制　　　　　　　94
　　3.3.5 精准交付：过程稳、末梢快　　　　　　　　　98
3.4 端到端优化，让流程更快、更有效　　　　　　　　　100
　　3.4.1 设立"流程所有者"岗位，流程设计有了责任担当　101
　　3.4.2 设计端到端流程，流程优化才有前进方向　　　102
　　3.4.3 聚焦客户价值，流程改善有了终极目的　　　　103

第 4 章　供应链人才
从"经验主义"到"专精特新"　　　　　　　　　　　105

4.1 灵活雇用，人与组织的新型关系　　　　　　　　　　107
　　4.1.1 人才市场，永恒矛盾有解了　　　　　　　　　107
　　4.1.2 超级职场，90% 的全职岗位将消失　　　　　　109
4.2 超级职场，需要哪些绝活儿　　　　　　　　　　　　110
　　4.2.1 任何人，都需要数字化领导力　　　　　　　　111
　　4.2.2 任何人，都要有与机器人共事的能力　　　　　113
　　4.2.3 任何人，都应该具备项目管理的能力　　　　　114
　　4.2.4 搜索力，让一个人变成一支队伍　　　　　　　117
4.3 选育用留，有哪些新招式　　　　　　　　　　　　　120
　　4.3.1 选人：与任务精准对接　　　　　　　　　　　120
　　4.3.2 育人：不一样的轮岗　　　　　　　　　　　　124
　　4.3.3 用人：灵活雇用渐成主流　　　　　　　　　　127
　　4.3.4 留人：激发内驱力　　　　　　　　　　　　　130

第 5 章 供应链技术
从"数据报表"到"智能决策" 135

5.1 控制塔,让全链路一览无余 137
    5.1.1 商业智能与供应链控制塔 138
    5.1.2 如何搭建供应链控制塔 140
    5.1.3 "一盘货"模式 142

5.2 物联网,让每件物品可视、可控 145
    5.2.1 物联网,供应链的眼睛 145
    5.2.2 物联网在供应链领域的应用 146
    5.2.3 如何使用物联网 148

5.3 区块链,让信任成本大幅降低 150
    5.3.1 区块链,与供应链天生一对儿 150
    5.3.2 区块链在供应链管理中的应用场景 153

5.4 人工智能,不只是增强人的大脑 156
    5.4.1 什么是人工智能 157
    5.4.2 人工智能在供应链管理中的应用 161

5.5 机器人,不只是解放人的四肢 163
    5.5.1 RPA,软件机器人的代表 165
    5.5.2 协作机器人,弥补劳动力缺口 167
    5.5.3 自主移动机器人,代人跑腿 168

第 6 章 供应链风险
从"被动应急"到"主动预防" 171

6.1 安全与韧性,领先企业纷纷投资 172
    6.1.1 丰田:库存备份,应对芯片荒 172
    6.1.2 联想:全球资源,本地交付 174

6.1.3 中兴通讯：未雨绸缪，健全业务连续性管理体系 174
6.1.4 亨通：期现结合，应对价格冲击 176
6.1.5 Resilinc：数字化提升供应链能见度 177

6.2 五大变量，未来不得不关注 178
6.2.1 ESG 的发展 178
6.2.2 粮食危机 179
6.2.3 数据安全 180
6.2.4 人口老龄化 181
6.2.5 新兴技术 181

6.3 风险管理，必须构建的能力 182
6.3.1 预判能力 182
6.3.2 免疫能力 184
6.3.3 适应能力 185

第 7 章 供应链创新
从"降本增效"到"竞争优势" 187

7.1 盘点当下的供应链创新 188
7.1.1 降本增效与竞争优势 189
7.1.2 供应链创新与应用的关系 190
7.1.3 基于 SCM321 模型的创新 191

7.2 问题导向，让模式更契合 192
7.2.1 韩都衣舍在懵懂中起步 192
7.2.2 韩都衣舍在摸索中完善 194
7.2.3 韩都衣舍的平台化模式 196

7.3 数字化，让快反更精准 197
7.3.1 伊芙丽采集客户数据 197

	7.3.2 伊芙丽试销识别爆款	198
	7.3.3 伊芙丽快反破解顽疾	198
	7.3.4 伊芙丽倒逼供应商优化	199
7.4	在线，让供应链更柔性	200
	7.4.1 淘工厂原本是平台	200
	7.4.2 淘工厂改造的实时连接	201
	7.4.3 犀牛智造的生产在线化	201
	7.4.4 "新制造"还差生态和贯通	202
7.5	活数据，让供需更匹配	204
	7.5.1 质量不高的市场调查	204
	7.5.2 客户反馈的低效利用	204
	7.5.3 产品将承担数据实时收集	206
	7.5.4 活数据让反馈成为闭环	207
7.6	确权，让创新更积极	208
	7.6.1 积极性现在很稀缺	208
	7.6.2 近期建立基于信息系统的创新管理机制	209
	7.6.3 中期建立支持共创的中后台	210
	7.6.4 远期采用区块链确权	211
7.7	两手抓，让优势更明显	212
	7.7.1 供应链创新实战的趋势	212
	7.7.2 关注和应用数字化技术	215

参考文献   219

后记 构建一张全景图，推动数字化转型   221

第1章

供应链战略
从"预测驱动"到"需求拉动"

---------- **导 语** ----------

"21世纪的竞争不是企业和企业之间的竞争，而是供应链与供应链之间的竞争"，这是英国学者马丁·克里斯托弗的一句话，被大家争相引用。如果你也认可这句话，那么在制定企业发展战略时，就必须制定支撑企业发展战略的供应链战略，就必须考虑如何通过供应链打造竞争优势。

几年前，与一位高管谈论供应链战略。他笑笑说，战略本身就有点虚，谈供应链战略那是甚虚，更加虚。

2020年，一切发生了变化。谁也没有想到一只普通的口罩，在制造大国变成"一罩难求"。2021年，"长赐轮"在苏伊士运河搁浅，全世界惊出一身冷汗，造成集装箱"一箱难求"，国际运价暴涨。2022年，俄乌冲突，欧洲能源危机，很多工厂倒闭，制造业外迁。世界百年变局，全球新冠疫情，全世界的人都明白了供应链是条链，缺一个环节都不行，供应链居然如此脆弱，一个小小的事件都有可能让供应链中断。于是"供应链重构""供应链韧性"这些词汇扑面而来。

以前，没有多少人觉得供应链会出问题，甚至很多人对"供应链"这个词本身也不那么熟悉。几年来，人们不断谈论互联网、移动互联网、人工智能，还在犹豫线上还是线下，要不要数字化转型，怎么转型，忽然一夜之间，供应链成了高频词。很多业务不得不由线下转到线上，高层管理者把供应链提到了前所未有的高度，供应链管理师被纳入国家新职业分类目录，教育部同意17所高校增设供应链管理专业。供应链自古就有，为什么供应链人突然成为"急需紧缺"人才？其实，缺的不是人，缺的是人才。

当下，供应链面临重构，高层领导人提出供应链要"自主可控"，必须补链、强链、不断链。国家制定"十四五"发展规划，企业制定经营战略、数字化转型策略，都不可避免地提到供应链，都会考虑供应链的风险管理、战略管理。

自此，更多人认识到，供应链战略问题不是可有可无的问题，而是如何制定的问题，供应链战略必须实现从0到1。

你的企业有供应链战略吗？如果有，那供应链战略与企业战略一致吗？它是否满足2035智能时代的要求？作为供应链管理者，我们需要思考，如何用供应链战略支撑企业的发展战略。这是一门必修课。

1.1　三差分析，打造供应链战略的发动机

战略是由不满意激发的，消除不满意就是进行战略规划，不满意来自

差距分析。差距分析就是找到规划与实际之间的差距,这是绩效差距。更多人常常遗憾的是没有抓住外部机会,这是机会差距。最直接的就是看到与对手或标杆之间的差距,这是对标差距。我们要做的是,在绩效差距、机会差距、对标差距这"三差"分析基础上,形成管理层的战略意图,驱动企业不断前进、前进、再前进。

研发、销售、供应链是企业发展的三驾马车,研发就是开发满足客户需求的产品或服务,销售就是把产品或服务卖出去,供应链就是把研发的图纸变成现实的产品或服务,然后交付到客户手上,简单说就是"交付"。三驾马车合力满足客户需求,缺一不可。

供应链的任务是"交付"。可见,供应链能力弱,交付就会变差。可能交付速度慢,可能交付不及时,可能交付不合格。交付不好,就会导致客户不满意,甚至丢掉客户,企业倒闭。所以,英国学者马丁·克里斯托弗提出"21世纪的竞争不是企业和企业之间的竞争,而是供应链与供应链之间的竞争",这句话广泛流传,影响深远。

可见,没有供应链战略,企业战略是缺失的,也是不可能实现的。

1.1.1 究竟什么是供应链

本书站在 2035 看供应链,为制定供应链战略提供方法论,为供应链发展描绘路径图。2035 的时代特征是"智能",这是本书的魂,但不能魂不附体,这个"体"就是供应链,所以必须首先搞清楚什么是供应链,什么是供应链管理。

本书作者宫迅伟有一个重要的论断,就是"信息流问题解决了,供应链问题就解决了一半"。数字化就是解决信息流问题的工具,所以首先我们要研究供应链本身的问题,然后再研究如何通过数字化手段解决它,最后实现智能化,以及智能决策。

在对供应链的认识上,不同的人有不同的理解。有的人认为采购是供应链,因为采购要管供应商,要管供应商的供应商,常常听到一些高层领导讲供应链，其实在讲供应商；有的人认为物流是供应链，因为物流就是把需要的物资送到需要的地方去，现实中，有些供应链公司其实就是物流公司；有的人认为信息系统是供应链，因为信息系统把订单到交付的流程穿起来，构成了一个供应链。某种程度上说，这些都对，但不全对。

《国务院办公厅关于积极推进供应链创新与应用的指导意见》中是这样表述的：供应链是以客户需求为导向，以提高质量和效率为目标，以整合资源为手段，实现产品设计、采购、生产、销售、服务等全过程高效协同的组织形态。

GB/T 25103—2010《供应链管理业务参考模型》对于供应链是这样定义的：围绕核心企业，从采购原材料开始，到制成中间产品、最终产品，直至由销售网络把产品和服务送到消费者手中的流程，是包括供应商、制造商、分销商、零售商，直到最终用户的一个网链结构。供应链管理是计划、组织和控制从最初原材料到最终产品及其消费的整个业务流程，对供应链过程中涉及的跨部门、跨企业、跨产业、跨地域运作的物流、信息流、资金流进行整体规划设计与运作管理的活动。

上面两个表述有些复杂，于是，学界将其简化，认为供应链是从供应商的供应商，到客户的客户的全过程，是指某个企业或部门，为了满足客户，将多个企业或部门协同起来，将产品或服务快速、高效、准确地交付到客户手中的一个链条。

按照美国供应链管理专业协会（CSCMP）的定义，供应链管理涉及供应资源开发、采购、加工和所有物流管理活动包含的计划和管理工作，它还包括和渠道伙伴的合作和联系，包括供应商、中间商、第三方服务提供者和客户。本质上供应链管理集成了企业内部和跨企业的供应管理和需求管理。这种扩大的视角包括整个端到端链条上的实物流、信息流和资金流，甚至扩展到企业外部，从供应商的供应商，到客户的客户。

如果你还是没懂，就找一些供应链的书，但你会发现，这些书表述很不一致。由于作者出身不同，视角不同，对供应链描述的侧重点也不同。在少数设立供应链部门的企业里，供应链的职责也不尽相同。有的企业把采购部更名为供应链部，总监由原来的采购总监转任；有的企业供应链部包含计划、生产、采购、物流，由供应链副总裁负责。不是它们错了，而是供应链本身就是一个在不断拓展的概念，对管理这个东西，我们不要死心眼，没有标准答案。

还有一个比较容易混淆的概念，在这里顺便提一下，就是产业链，很多表述中说供应链，其实是在讲产业链。产业链的研究对象是产业，研究行业上下游供应市场、产业关系。政府研究的常常是产业链，是宏观的供应链，而企业管理者讨论的常常是一个具体的企业或组织的上下游供应关系，包括供应商的供应商、客户的客户，是一个微观的供应链。

大家对供应链的认识不同，管理重点就有所不同。由于认识不同，对如何打造供应链竞争优势，就存在很多模糊的理解，常常让人无从下手。

我做过一家集团公司的供应链总监，管理由国内8家工厂和国外2家工厂组成的供应链，也做过总经理，客户为丰田、大众等世界一流整车厂。说实话，那时对供应链的理解是模糊的。

成为专职咨询师之后，我仔细研读了各位大师的供应链书籍。我在这些专业书籍和管理实践基础上，萃取总结出SCM321模型，即"三个流、两条主线、一个突破口"。其中"三个流"是指实物流、信息流、资金流，这是供应链管理的对象；"两条主线"是指"组织之间的高效协同、供需之间的精准对接"，这是供应链管理要解决的两个基本问题；"一个突破口"是指交付周期，"周期要短、速度要快"，这是供应链改善的抓手。

"321"是供应链管理的共性，也是管理的本质。我发现，无论那本书有多么厚，也无论那篇文章有多么短，讲的都是"321"。利用SCM321模型可以构建供应链管理全景图，并且落地可实操，每个人都能从中找到自己可以改善的点。

使用SCM321这个模型，我就站在巨人肩膀上了。

1.1.2 没有供应链战略，可能断链

战略就是规划3～5年的事，风险就是研究预防"万一"的事。供应

链战略就是起始于客户需求的供应链长期发展规划图。

2020年,"供应链"一词出现的频率之高、对其关注的层级之高,不敢说绝后,但绝对是空前的。从某种意义上说,甚至可以把2020年定义为供应链管理的元年。这个时候,大家可能会想到"从前"。如果"从前"我就规划好,就不会有今天的结果,真是悔不当初。

如果不让自己懊悔"从前",就需要"今天"行动。比如,针对频繁出现的断料事件,很多企业已经将寻源策略由低成本转为低风险。有的跨国企业在供应商寻源时,说要"China+1",即在中国之外再开发一家供应商,也有的跨国企业说要"local for local",推动供应商本地化为本地化生产者提供服务,以避免地缘政治干扰和长距离运输带来的风险,这些就是供应链战略。今天的战略选择,直接决定了企业的未来。

可能有人会说,从前,我们没有战略,一样发展速度很快呀;从前,我们没有供应链战略,公司一样发展很好啊。是的,确实是这样的。

从前中国经济高速发展,来不及想3~5年以后的事儿,甚至都不用想3~5年以后的事儿,市场机会多多,不知不觉企业就发展了。我原先在一汽集团公司,那时中国汽车年产量200多万辆,现在汽车年产量是2000多万辆,身在汽车行业,只要你正常运作,都可以得到10倍的增长。可如今,中国已经成为世界第一汽车生产和销售大国,以后还会高速增长吗?不可能了。中国经济由高速发展变为高质量发展,在市场增量有限的情况下,必须思考如何在存量市场进行竞争。以前着力开疆辟土,现在必须精耕细作。科技发展日新月异,客户需求灵活多样,外部环境复杂多变,预测3~5年以后的事就变成不得不想、不得不做的一件事。

从供应链视角看,需求端,客户需求越来越个性化,对交期期望越来越高,小批量多品种成常态;供应端,资源匮乏,获取难度提升,人们挂在嘴边的是产能过剩,并不是资源过剩;研发端,产品生命周期越来越短,必须不断创新推出新产品;市场端,全球运营,需要全球供应链支撑,逆全球化逆的是供应链,不是经营全球化;技术端,人工智能冲击所有行业、所有岗位,数字化转型在加快;社会端,ESG(环境、社会、治理)等社会责任要求越来越高。没有供应链战略，关键时刻就可能掉链子。

1.1.3 既要又要还要，不是战略

我经常看到，很多公司没有一个清晰的、明确的供应链战略，经常去追逐最新的热点、时髦的词汇，准时化（Just in Time）、零库存、战略采购、协同降本、敏捷供应链、集成供应链、阿米巴、生态组织……学了一大堆，不知不觉，忘了初心，那就是"以客户需求为导向"；更加没有一个可以支撑公司发展、支持公司经营的供应链战略，解决的都是一个个点的改善，都是关于执行的，是战术问题。大家知道，如果战略错了，那么这些战术再正确都没有用，甚至走向反方向。忘了客户，就失去一切。

比方说，企业竞争靠质量（Q）、成本（C）、交付（D）和创新（I）。这四个因素都很重要，但哪个更重要，人们常常认识模糊，很多企业管理者四个都想要。既要质量好，又要价格便宜；既要交付快，又要能满足客户多样的需求。表面上，这没有问题，客户确实都想要，但企业没法执行，操作层面无法落地。真正能够成功的企业仅选择其中一个作为核心竞争力，通过供应链着力打造这个"差异化"竞争优势。有人就开玩笑说，大家都是成年人，"既要又要还要"是做不到的。战略是个选择的问题，是一个平衡的问题。

我在上面用了"清晰的、明确的"，是想表达，从前每个企业家的心中都有"战略"，都有一个对企业未来的勾画，这个战略可能是清晰的，也可能是模糊的，但市场的机会太多，走着走着想法就变了。有的企业有战略，但是缺少一个可以支撑企业战略的供应链战略，因为大家没有认识到供应链的重要性，没有认识到供应链与企业战略的关联性。

2020年让大家的想法改变了。供应链要重视安全性，不能断链；供应链要重视效率，必须低成本；供应链要重视差异性，必须与企业的战略相匹配，打造差异化竞争优势。供应链管理着企业60%～70%的成本，控制着100%的库存，它是工厂的命脉，必须由强有力的战略来指导。清晰明确

的战略驱动供应链取得卓越表现，是创造利润的最有潜力的工具之一。

应该说，很多高管已认识到供应链战略的重要性，但对如何制定供应链战略模糊不清，感觉无从下手，对是否制定供应链战略犹豫不决，觉得需要花时间、花钱。平时供应链的人都特别忙，忙于应对交付、价格谈判、质量问题处理、生产进度安排、客户投诉解决等各种日常事务。制定战略，有时要借助外部咨询顾问，要花钱，制定战略后，还要落实，要调整现有做法，改变很多习惯和观念，这就要处理各种观念冲突，需要做大量沟通协调的工作。这些想法，严重影响供应链战略的制定。我在"供应链管理提升"咨询项目中，花时间最多的就是说服高层管理团队，让大家达成共识。

1.2 对比机会，有没有与时俱进

2035是智能时代。随着大数据、云计算、物联网、区块链、人工智能和数字孪生等数字技术的成熟和应用，供应链必将突破组织边界，实现全链路可视化；必将通过产品的数字化，让供应链每个环节都可视可控，实现全流程的自动化，继而实现智能化。

1.2.1 时代变了，你不变不行了

我大学学的专业是自动控制，毕业后的第一份工作是做电气工程师，其实就是负责各种复杂设备的维修。尽管几个月以后，我可以轻松读懂复杂设备的电气线路图，但我仍然不能熟练维修设备，懂了很多理论，还是无法一下子找到设备故障。

我们科室有一个非常牛的老师傅，他在设备旁边站一会儿，听一听声音，就能知道哪里有故障。我当时十分羡慕，觉得这位老师傅太牛了，设备维修，经验很重要，他就是我的目标。

2022年10月，我到合肥科大讯飞去讲课，他们给我展示了一台设备故障诊断仪，这台诊断仪就像医生使用的听诊器，可以通过声音诊断设备的

故障点。我当时就感慨,用了这台设备,老师傅的经验没用了。这台"听诊器"是通过大数据实现人工智能的,并且通过机器学习,越来越"聪明"。

人们形容老师,都是蜡炬成灰泪始干,觉得老师批改作业、辅导学生很辛苦。现在,科大讯飞就有一台机器,可以用于考试阅卷,效率极高,还可以做错题统计分析,指出哪里是学生的薄弱环节。机器可以 24 小时工作,比老师还要勤奋;机器平等对待学生,比老师还要公平。

我大学学的外语是俄语,在一汽集团公司莫斯科办事处工作过几年,后来在上海几家世界 500 强的欧美公司工作,又改说英语,那时候我很羡慕英语流利的人。科大讯飞发明了自动翻译机,可以翻译语音和文字。他们告诉我,一位老母亲不会任何外语,拿着翻译机,走了十几个国家。我突然感到,会外语,已经不是什么牛的事儿了,大部分翻译工作可以由翻译机取代了。

作为采购从业者,最牛的本领是谈判,我写的一本畅销书就是《全情景采购谈判技巧》。

可现在,AI 都会和人谈判了。2022 年 11 月 22 日,Meta 公司在《科学》杂志上发表了一篇文章。研究人员开发了一个名为"西塞罗"(CICERO)的 AI 模型。在经过 4 万多盘游戏数据的训练之后,"西塞罗"在 2022 年的 8～10 月被悄悄放到了线上平台去参与游戏,最终的成绩超过了 90% 的真人玩家。

在这个外交游戏里,82 名人类玩家在 40 场游戏中,都没有怀疑过它是个 AI。游戏规则本身并不复杂,真正复杂的是跟真人谈判,通过对话,探讨行动策略,取得相互信任。这在过去被认为是最不适合 AI 从事的工作之一。

我们以往听到的一些 AI 语言模型,比如 AI 写作文、AI 聊天等,这些算法生成的对话其实都没有明确的目的性。而这项研究中的"西塞罗",是有一个明确的说服目标的,所有对话内容都需要围绕这个目标生成。

屈指算算,本书已经是我出版的第 12 本书,我也多次被出版社评为"优秀作者"。正当我引以为傲时,2023 年春节刚过,ChatGPT 突然火了。

据 CCTV 2023 年 2 月 7 日报道：美国 OpenAI 公司开发了一款人工智能聊天程序，可以根据上下文，像人一样交流，它可以撰写邮件、视频脚本、文案、代码，做翻译。它的月活跃用户 2 个月内突破 1 个亿，成为史上用户增长最快的应用。我在上面测试了一下，确实非常厉害，它可以根据要求写诗，可以回答任何问题。有了这个应用，以后还需要我们写书吗？

以前，大家觉得人工智能会取代体力劳动，现在看智力劳动也将部分被取代。这对于知识工作者来说，也是个不小的压力。回顾这些年，每一项我练就的本领，似乎都很快被技术取代，面对未来，我们人类将何去何从？

科技进步的速度，让人难以想象。未来，企业的数字化转型，势不可挡。作为供应链管理者，不了解数字化，不善于用数字化思维思考问题，不积极主动拥抱数字化管理工具，必将被时代淘汰。

1.2.2 AI 来了，低人工成本不再是优势了

工业 4.0 和智能制造的核心就是机器智能，通过大数据分析来帮助工人甚至取代工人实现制造业的全面智能化。

美国特斯拉公司已经尝试全部使用机器人来装配汽车。从前产业工人的数量被看成制造业竞争力的重要标志，全球最大的 OEM 制造商富士康在中国雇用了 130 万名廉价工人，使得全球的电子产品制造商都无法在成本上和它竞争。富士康也一直在研制取代生产线工人的工业机器人，预计未来将装备上百万台机器人，逐渐取代装配工人。

美国第二次世界大战后的汽车行业有上百万名装配工人，但是现在只剩下当年的一个零头。而新的汽车公司如特斯拉，从一开始就尽可能地使用机器人取代装配工人。特斯拉的员工数量增长非常快，不过增加的都是 IT 人员。特斯拉把自己看成一个 IT 公司，汽车成为承载 IT 的平台，是一个巨大的智能终端，通过这个智能终端，特斯拉把各种技术服务提供给大家。

2006 年，我有机会访问美国的一家汽车零部件公司，总裁告诉我，未

来的汽车就是一个大号的手机。现在特斯拉正在践行这个想法，国内一些造车新势力也是这个思路。几家特别成功的造车新势力创始人都不是汽车行业出身的，在传统的汽车人口中，他们根本不懂汽车。但是，在智能网联时代，这些新势力喊出"软件定义汽车"。

特斯拉取消了已经存在一个世纪的汽车代理商制度，将制造商与消费者的供应链拉通。除了生产，商品的设计和研发、仓储和物流、批发和零售，在过去是不可或缺的环节，到了大数据时代，除了设计和研发，剩下的环节要么高度智能化，要么干脆被砍掉，很多所谓的高端工作也将面临被机器智能所取代。从设计开始，直到将汽车送到顾客手上，加上售后服务，这中间各个环节尽可能地采用计算机而不是人。特斯拉悄无声息地重新定义了汽车，它对汽车的理解已经和当年的福特或者奔驰完全不同了。汽车这个老行业，在引入大数据和机器智能之后就脱胎换骨变成了一个新的行业。

智能时代，供应链的三个流都将发生根本变化，整个制造业都将被重新洗牌。仅仅依靠人工成本低的竞争优势将不再能支撑企业发展，因为，在未来，从订单到交付，供应链全链路都将实现智能化。

1.2.3 大数据来了，商业模式变了

以前的管理靠经验，未来的管理靠数据。大数据不仅可以帮助企业找出宏观规律，还能帮助企业掌控每一个细节。数字化 + 传统 = 新商业模式。

比如电商公司，在用户浏览页面时，如果发现他们在阅读产品介绍和评价，尚未完成购买，那么就推荐相应的产品给用户。当用户完成购买后，再搜索或浏览这些产品介绍时，就推荐与此次购买相关的产品。经常网上购物的人一定有这样的体会，不仅千人千面，不同的人看到的网页内容不一样，而且即使同一个人在不同时间看到的页面也不一样，变化发生在每一次鼠标点击之后。

有人可能认为，To C 的生意可以积累数据，其实 To B 的生意也一样，

大数据对商业的帮助是全方位的。

中国的金风公司是一家生产风能发电设备的公司，在全世界的市场占有率排名第二。但是其海外的销售，常常利润很低，因为不了解最终用户，销售环节的利润被外国公司赚走了。这也是很多中国企业的通病，它们不直接接触最终客户，不仅被外国中间商赚了差价，更重要的是，由于对最终客户不了解，影响了后续的产品开发和市场策略制定。

金风公司以前卖了不少风力发电机，但是对于这些发电机现在在哪里，谁在使用，使用得怎样，该地区是否已经饱和，所知甚少。大数据时代，金风公司利用互联网，将发电机的各种数据全部收集起来，进行大数据分析，这样就可以了解全球的风能分布情况、设备使用情况，了解每一台发电机日常运行的每一个细节，既有利于做有针对性的市场推广，还有利于做有针对性的设计改进。

金风公司的供应链管理，最难的市场预测通过使用大数据，变成了精准预测。其商业模式也发生了变化，由风力发电机的制造，转变为发电设备的运营和服务，通过大数据对发电机可能出现的问题做预测，更有效地维护发电机。

美国通用（GE）公司，把一次性买卖变成了细水长流的生意，将 Wi-Fi 使用到它生产的冰箱和其他大型家电上，用来提示用户更换冰箱取水器的滤芯等消耗性材料。这些滤芯通常需要每半年更换一次，但是大部分用户都忽视更换，即使冰箱上的指示灯亮了。GE 公司将冰箱通过 Wi-Fi 连到互联网上之后，可以通过手机 App 来提醒用户"更换滤芯的时间到了"。这样一来，用户更换滤芯的比例就提高了，并且用户订购滤芯的操作也很简单，只需要在手机 App 上点击"确认"，GE 公司就可以通过快递将滤芯直接邮寄给用户，省去了很多中间环节。当然 GE 公司收集到的这些用户数据，让 GE 公司可以牢牢地抓住这些用户，知道他们接下来需要什么，从而有的放矢地推销后续产品。

小米从一开始就以互联网公司的方式经营它的手机业务，因此小米更像一个以家电为主的垂直电商，而不是生产制造商。它非常注重对用户行为的分析和数据的使用。虽然手机的出货量是小米的"基本盘",在营收中仍然占有较大比例,但从本质上讲,手机只是小米获客的手段,是流量入口,真正赚钱的是其他方式,如互联网服务和物联网(IoT)业务,可以从每一位客户身上获得长期收益。2021年小米互联网服务和IoT业务收入已经占其营收的40%以上。所以,小米的估值不是看其硬件硬不硬,而是电商服务链长不长。

在新的商业模式下,供应链的三个流管理将发生根本变化。未来,从订单到交付,供应链将全链路可视化,实现"穿透式"管理,供应链人苦恼的"不确定性"和"预测不准"问题,都会被人工智能解决。"预测驱动"变成"需求拉动",商业模式由B2C变成C2B,供应链模式也随之由"推动式"变为"拉动式"。

"推式供应链",以制造商为核心企业,产品生产建立在需求预测的基础上,根据产品的生产和库存情况有计划地把商品推销给客户,其驱动力源于供应链上游制造商的生产,这种运作方式的库存成本高。"拉式供应链",整个供应链的驱动力产生于客户需求,产品生产由需求拉动,按订单生产,有效降低了库存成本。但是,"拉式供应链"中需求不确定性很高,周期较短,整个供应链要求集成度较高,信息交换必须迅速,还需要实现定制化服务。数字化可以解决这些问题,能大大提升企业对需求变动的响应速度及柔性。

过去,研发靠赌,销售靠猜。研发开发出几个产品,不太确定哪个产品能畅销,需要拿到市场上去赌。产品能有多少销售量,大都靠猜。"以客户需求为导向","需求"不明确,"导向"自然就不明确。未来,通过数据分析,一切趋近精准,供应链管理的核心就是精准对接。

让供应链人头疼的另一个问题,就是小批量多品种,进行个性化定制的问题。从前,定制化其实可以做到,就是成本很高;未来,使用3D打印等智能制造技术,修改几个参数,就可以按照用户的需求制造产品,实现大规模定制。

有人可能担心投资,数字化转型一定会花钱的;也有人可能担心技术,自己的公司没有这样的技术能力。在未来，大数据、云计算和机器智能的工具就如同水和电一样，成为公共设施，由专门的公司提供给全社会使用。所以，数字化转型，不是大公司的专利，小微企业也可以。先进与落后的差距，不取决于设备，而取决于思维能力。企业无须投资，可采用SaaS（软件即服务）模式，或者通过成果分享、利润分成的方式，与供应商共同开发新产品。

1.3 对比标杆，有没有面向未来

如果仔细观察，我们会发现，领先的公司其供应链都是优秀的。那些后来者居上的，都是解决了供应链的某个问题，超越了对手，打造出差异化的竞争优势的公司。

我们先来看几个案例，看看这几家公司的供应链遇到了什么问题，是怎么解决的，这些供应链问题又是如何帮助公司取得商业上的成功的，对标一下，然后寻找自己的差距。

1.3.1 华为，提前布局供应链

最近几年，供应链风险管理不仅被企业管理者重视，而且被全社会重视，成为网络的热门话题和管理层的重要议题，从风险管理上看，华为是优秀的，这源于华为的风险意识。

> **案例**
>
> **华为提前布局，应对供应链风险**
>
> 2019年5月16日，美国商务部工业和安全局（BIS）正式把华为列入出口管制"实体清单"。华为面临来自美国的全面封锁，很多供应商停供，涉及原材料、整机以及物流。

这个制裁为什么没有一下子把华为打趴下？一个重要原因就是有同行的前车之鉴，所以华为"未雨绸缪"，至少在四个方面进行了布局。

（1）科学制定自制外包（make or buy）策略，锁定核心竞争力。

华为把芯片设计等核心能力牢牢掌握在自己手中，将非核心能力外包出去，其中包括零部件代工生产。但在代工生产中，仍然坚持把模具等核心资产所有权掌握在自己手中，以便在代工厂无法继续合作时，能够迅速转移模具继续生产，保证零部件供应的稳定性。

（2）加强与战略供应商合作，强化供应链协同。

华为意识到，作为在全球开展业务的制造型企业，必须获得级别更高的供应链服务。如果只是利用"简单粗暴"的方法"压榨"供应商，最终损害的是自己。必须加强与战略供应商合作，协同创新，共同进步；推动创新资源、最新技术、最新产品、最新工艺优先为华为所用，实现共赢。

（3）识别供应风险，对关键物料进行战略储备。

为降低供应链风险，华为成立供应连续性工作组，全面审视各领域供应商名单，做有针对性的准备工作。在美国将其列入出口管制"实体清单"之前，泛网络和终端（华为内部对事业群的称谓）对芯片等关键零部件做了近一年的战略库存储备。TP/LCD（触控面板/液晶显示屏）按照新上市产品要求储备更多，部分核心元器件约有1～2年的备货量。

（4）制订备胎计划，拥有蓝军策略。

模仿军队红蓝军对战制，华为内部有一支专门的队伍，模拟竞争对手。最典型的就是海思半导体公司，华为曾假想过美国所有先进的芯片和技术都不能使用，华为如何持续为客户服务。此次事件之后，海思启动"备胎"转正计划，推出自主研发的操作系统。

之后，华为从一家受人尊敬的公司成为一家伟大的公司，华为供应链进化为世界一流供应链。

资料来源：袁建东.供应铁军[M].北京：机械工业出版社，2020.

1.3.2 京东，用"三流"打造"一流"

成功的企业，其供应链都有过人之处。供应链讲究三个流：实物流是把客户所需的物品送到客户手上，信息流是驱动流，资金流是能量流。从解决"三个流"角度来看，京东是卓越的。

> **案例**
>
> **京东用"三流"打造一流企业**
>
> 京东的竞争对手是传统的线下零售企业，如沃尔玛、苏宁、国美等。京东觉得要想跟这些传统商家竞争，就要体现出"快"。于是，它花重金将物流当作核心竞争力打造。
>
> 这在当时很多人不理解，因为当时使用第三方物流的观点很盛行，认为使用第三方物流可以节省成本。但京东创始人刘强东坚持认为，通过合理的物流规划，不仅能解决"快"，还能节省成本，因为第三方物流公司只负责将货物从 A 运到 B，不会去研究从 A 到 B 什么样的路径更合理、更省时间、更省费用，别人家的快递员也不会那么在乎你的客户的体验。
>
> 我们平时去商场买东西，如是小件，当时交钱当时拿东西就走了，但是大件，则需要商家送货，有时需要等上好几天。刘强东说，物流在用户体验中占 70%，所以京东推出了当日达。客户感觉不到你的财务系统成熟不成熟、成本高不高、运营效率高不高，真正关心的是什么时候能拿到商品。
>
> 信息系统是整个电子商务公司的核心纽带，在京东，用信息系统管理员工、管理财务、管理物品。通过信息系统，可以及时了解全国各地每一个配送员的情况。如果配送员偏离路线太远，信息系统会自动报警，因为每一个配送员要走的配送路线都是信息系统事先优化好的。每个打包员每打完一个包，都要扫描一下，于是，系统记录了这

个打包员一个月消耗了多少米胶带、多少个纸箱。不仅配送员和打包员，其实京东每一个员工的每一个动作都被记录在信息系统中。给他们安排工作的不是领导，而是系统。

我们再来看看京东是如何通过信息流管理资金流、物流，如何通过三流整合，打造一流企业的。

（1）管钱。信息系统连接所有用户，网上下单，系统可以连接到每一分钱，并且京东通过信息系统直接决定定价和采购。也就是说，京东商城的很多商品都是根据信息系统里的数据，由信息系统反馈自动定价的。首先，根据商品的属性、价值和竞争能力给它定一个价格，这个叫优先级价格。信息系统获得这个优先级价格之后，每隔半小时会对所有竞争对手网站同种商品的价格抓取一次，获得数据之后再跟京东的优先级价格进行比较，根据成本价、优先级价格、竞争对手的价格、季节因素等来制定出最终的价格。

（2）管物。京东的信息系统也连接到每件物品，包括货物，也包括固定资产。在库房里，任何物品放在仓库哪个位置、哪个货架、第几层格子，都可以通过信息系统获知。

在京东，财务系统也被定义为核心竞争力。一方面，需要它做正常的、传统的财务管理；另一方面，也需要它做好现金流的管理。按照刘强东的说法，京东商城是自营，需要通过良好的现金流，给供应商信心，给消费者信心。

资料来源：刘强东. 刘强东自述：我的经营模式 [M]. 北京：中信出版社，2016.

1.3.3 小米，雷军亲自抓供应链

在传统行业中，我们可以向先行者学习，可以借鉴使用传统企业已经有的供应链。但是，作为创新创业型公司，很多时候，没有现成的供应链资源可以用，供应商对这样的公司的未来往往也心存疑虑、等待观望，对

买方要求不一定总能积极回应，传统的管理模式失效，这对这些创新创业型公司来说是一个挑战，应当寻求创新。

> **案例**
>
> ### 小米成立之初，创始人亲自抓供应链
>
> 雷军作为创始人，在小米成立之初，每周都要开一次4人小组会议，通常不超过半小时。当天下午，雷军签过字的生产计划表送到供应链部门。这个团队要保证小米手机600多个元器件在规定的时段内到达仓库，然后送上生产线。每个细节都有专人负责，包括下单时间、下单数量、每个批次的最优包装、运输时间、元器件到厂后的抽检。从采购备货到出货大约为3个月。这个团队精准掌握供应状态信息。
>
> 业界普遍做法是，手机元器件由中间商代替企业完成采购，但在小米，这600多个元器件都是小米自己采购的。为何这样做？因为小米的销售模式不同。
>
> 小米商城每周二中午12点开放在线抢购，具体型号、数量提前在论坛上公布。事实上，这个预售数字由小米六大仓储中心的库存数据决定。在周二12点之前，有购买意愿的消费者会填一份预约信息表格，写明个人信息和购买的型号。这个预约型号、数量是小米制订生产计划的重要参考指标，影响3个月以后的产量和开放购买的数量。通过这个方法小米实现了对客户需求进行管理，最终实现了供需的精准对接。
>
> 小米通过这种做法，减少了供应链中间环节，大幅降低仓储成本，网上支付方式加快了资金周转，再配合先亏损后盈利的定价方式，最终赢得了市场。
>
> 小米通过直销实现快速反应，通过高库存周转率带来良好现金流，通过独特定价盈利模式，与供应商协同，一起构建起了供应链竞争壁垒。

对比京东、小米、华为，你所在的公司是否有一个清晰的、明确的、可以支撑公司发展战略的供应链战略呢？

我猜，可能没有。因为，我接触过很多人，如果询问他们，都说有，但如果仔细询问，说得都不清晰，或者不同人说法不一样。这其实就等于没有，没有一个清晰的、明确的、大家达成共识的供应链战略。

华为通过供应链风险管理，经受住了美国"实体清单"的考验；小米通过供应链协同，解决了供需精准对接问题；京东着力解决物流问题，提供给消费者更好的体验；阿里巴巴解决了信息流问题，让天下没有难做的生意。这些成功的企业发展路径不同，但相同的是都在供应链领域打造出差异化竞争优势。当然，我们也可以说，这些战略都是后来总结出来的，现实中战略都是摸索出来的。说这话也没错，但是摸索也要有方向感，战略也不是一成不变的。供应链战略是必需的，尤其是已成规模的企业。

1.4 对比规划，有没有战略一致性

企业成功的关键，就是要保持战略的一致性。战略协同，才能"力出一孔"。心往一处想，劲儿往一处使，步调一致，才能胜利。

管理不好的企业，特别容易出现这种现象，那就是企业战略是向东，职能部门却向北，或者不知朝那里，更有甚者，会朝西——一个完全相反的方向。方向错了，员工越努力，离目标越远。要实现战略一致，必须做到"三个一致"。

首先必须做到"纵向一致"，即供应链战略必须与企业竞争战略一致；还要保持"横向一致"，即各职能部门之间的战略一致；更要保持"全链路一致"，即供应链各环节战略一致。

1.4.1 纵向一致，供应链战略要支撑企业竞争战略

企业必须确保所有职能部门战略与企业竞争战略相匹配，达成战略一

致。供应链作为一个职能,其战略必须与企业战略一致,并支撑企业战略。

企业的竞争战略,就是确定通过什么样的产品和服务组合满足什么样的客户需求。

如何实现战略匹配?

1. 理解目标客户的需求

不同的客户群有不同的特征,体现在各指标的数据不同,如每次购买的数量、所能忍受的响应时间、所需产品的种类、企业产品更新的速度和服务水平,还有最为关键的价格敏感度。

比方说用于维修的产品,订单量就会很少,客户所能忍受的响应时间通常很短,企业需要有足够的备件种类,客户愿意支付较高的价格,而那些批量生产的产品就相反。

例如,沃尔玛出售的是随处可以买到的日常用品,其目标是确保价格低廉。麦克马斯特·卡尔(McMaster-Carr)销售的是维护修理运营产品,即 MRO 产品,它为顾客提供便利性、多样性和快速响应,不靠低价来竞争。它们的供应链战略就不可能相同。

2. 理解供应链的能力

企业需要根据客户需求,检查供应链的响应能力和效率。

快速响应能力就是快速交货的能力和提供较高服务水平的能力,需要企业经营种类繁多并且具有高度创新性的产品,需要应对供应的不确定性。效率就是要强调低成本,然而,提升响应能力就需要付出额外的成本,从而降低了效率。

> **案例**
>
> **MRO 产品和日用消费品的供应链战略比较**
>
> 震坤行工业品超市是一个工业品电商平台,提供工业品一站式解决方案。它面对的需求和供应都十分不确定,因此其供应链的设计旨

> 在有效应对不确定性，在24小时内为客户送上种类繁多的MRO产品，注重快速响应和品类宽度，也就是交货要快，并且种类齐全。
>
> 相反，日用消费品商店，例如山姆会员店，它的供应链注重效率，通过降低响应能力来降低成本，它仅销售种类有限的大包装产品，这样的供应链能够降低成本。

3. 实现战略匹配一致性

战略匹配，就是制定一个供应链战略，最好地满足目标客户的需求。面对需求不确定性高的客户，设定高响应能力的供应链；面对需求不确定性低的客户，设定高效率的供应链。

> **案例**
>
> **推动战略一致性，成为首屈一指的工业品分销商**
>
> 麦克马斯特·卡尔是美国一家著名的工业品分销商，成立于1901年，它的竞争战略是将目标客户锁定在那些看重24小时内收到种类繁多的MRO产品的人。由于产品的种类繁多且需要在很短的时间内送到货，因此来自麦克马斯特·卡尔的客户的需求可以被认为具有很高的不确定性。它可以选择设计一条高效率的供应链，也可以选择设计一条具有较高响应能力的供应链。但高效率的供应链，意味着库存较低，那么将很难让客户在24小时内收到货物，所以麦克马斯特·卡尔要保持较高的库存。

实现战略一致性的关键是，在响应能力和效率之间找到一个平衡点。寻找这个平衡点会面临许多挑战，当然也会有机遇，通过改进供应链战略，来提高竞争力。

1.4.2 横向一致，部门之间要彼此协同

为了执行企业的竞争战略，所有职能都要制定自己的战略，不论是产品开发、市场营销还是供应链，但这些战略必须协同一致。企业要想成功，所有的职能战略都必须彼此支持，同时还要支持竞争战略。

案例

一家便利店，推动战略一致性，成为行业巨头

7-11是日本零售业巨头，1927年在美国得克萨斯州创立，原属美国南方公司，2005年成为日本公司。成立时，它标榜营业时间为早上7：00到晚上11：00，1974年引入日本，从1975年开始变更为24小时全天候营业。

它的市场营销部门宣传其便利性，便利店的位置多在交通要道，店内提供多种多样的商品和服务；它的新产品开发部门不断推出新的产品和服务；它的运营和配送部门致力于提高零售店的密度和响应能力，并提供先进的信息平台，还在该信息平台上推出信用卡还款服务，以促使人们频繁光顾。

通过这些举措，7-11形成了一个良性循环，供应链基础设施得到了充分的利用，推出了能够满足高需求的新产品和新服务，需求的提高反过来促使运营部门提升零售店的密度、快速补货能力并进一步完善信息平台。

企业失败的原因，可能是缺乏战略匹配，也可能是其整个供应链的流程和资源难以支撑所期望的战略匹配。

假如，市场营销部门正在大力宣传企业能够快速供应种类繁多的产品，与此同时，物流部门的目标却是采用成本最低的运输方式，显然它们的目标是相互冲突的。管理者应当确保运输策略支持竞争战略，应当基于总成

本、响应水平来综合评估运输策略。

前面讨论的是服务于一个细分市场,如果企业通过多种渠道,为很多客户提供品类繁多的产品,那么这样的企业又该如何实现战略匹配呢?这就需要定制的供应链战略。

案例

不同渠道,戴尔打造不同的供应链

戴尔(Dell)是一家总部位于美国得克萨斯州的世界 500 强公司,1984 年成立,以生产、销售家用以及办公用电脑闻名。

当所有的客户都很看重在几天内收到定制化的个人电脑时,戴尔打造了一条与战略定位匹配的响应迅速的供应链。

例如,戴尔增加了沃尔玛这一销售渠道后,发现沃尔玛的客户更看重价格,戴尔注重响应能力的供应链与这个销售渠道就不匹配了。因此,戴尔不得不针对这个低价格的渠道设计了更有效率的供应链,与低成本国家的合同制造商开展合作。

企业可以对供应链进行定制,以达到战略一致性。如在某些环节共享供应链,而在其他环节仍保持独立运作。共享的目的,是实现最高效率;独立运作的目的,是为每个客户群提供适当的响应水平。

例如,所有产品都在同一条生产线上生产,需要较高响应水平的产品,可以采用空运等高成本的运输方式;而对响应水平要求不高的产品,则可以采用公路、铁路、海运等低成本的运输方式。

再如,可以对响应水平要求较高的产品,采用灵活的生产工艺;而对响应水平要求不高的产品,则采用更有效率的生产工艺,运输方式可以相同。

又如,有些产品,可能存放在离客户比较近的区域仓库;而另一些产品,则可能存放在远离客户的中心仓库。

还如,根据产品的生命周期定制。如制药业,在新产品推出时,利用柔性能力，应对初期的不确定性，虽然成本较高，但有快速响应能力；对成熟产品，则利用规模优势，降低成本，提高效率。在有些汽车公司，产品研发阶段的生产在试制工厂，以提升响应能力；量产以后换成批量生产的工厂，以提升效率。

1.4.3 全链一致，企业之间要高效协同

要实现战略匹配，供应链各环节，如计划、采购、制造、库存、交付，战略必须一致。供应链合作伙伴之间战略也必须一致。

为了实现战略匹配，可以通过给供应链的各个环节分配不同的响应水平和效率水平，最终实现这条供应链所需要的最佳响应水平。

案例

宜家和英格兰公司不同的供应链战略

宜家是瑞典的知名家具零售企业，在20多个国家拥有大型商场，目标客户是希望以合理的价位买到时尚家具的人。宜家家具采用模块化设计，减少了款式，增加了销售数量。为了降低供应链的不确定性，宜家持有一定的库存，向顾客销售现货。这样一来，供应链面临的大部分不确定性被库存吸收了。通过持有库存，发给制造商的补货订单更加稳定和可预期。宜家商场的大库存提高了响应能力，而处于低成本地区的供应商则专注于提高效率。

宜家的产品采用模块化设计，方便进行组装。大型商场和模块化设计使得宜家可以将最终装配和最后1公里送货这两项成本很高的运营项目转嫁给顾客。

与宜家相反的另一家零售商——美国的英格兰公司，几乎不持有库存。

它每周都要生产数千个沙发和椅子，并在三周内将其送到位于美

> 国各地的家具店。从英格兰公司进货的零售商，让顾客从众多的家具款式中进行选择，并保证在较短的时间内送货，这就使得供应链面临较高的不确定性。然而零售商并不持有多少库存，从而将大部分隐含的不确定性传递给了英格兰公司。由于大部分隐含的不确定性被英格兰公司通过灵活的制造过程加以吸收了，零售商才得以保持高效率。英格兰公司可以自行选择将多少不确定性传递给供应商。通过持有更多的原材料库存，英格兰公司使得供应商可以专注于提高效率。如果英格兰公司减少原材料库存，那么它的供应商就需要提升自己的响应能力。

上述案例可以说明，提高供应链某一个环节的响应能力，可以使其他环节专注于提高效率，通过各角色的最佳组合，打造供应链竞争优势。

智能时代，外部环境多变，过一段时间，企业就不得不需要重新审视在一种环境下曾经非常成功的战略，在另一种环境下是否还能成功，如不顺应变化，优势很有可能就变成了劣势。

日益缩短的产品周期、日新月异的科技进步，以及对可持续发展的日益关注，都为供应链战略匹配带来了挑战，供应链面临重构。

1.5 战略落地方法论与工具箱

要打造供应链竞争优势，就需要对供应链进行规划，或者说对供应链战略进行设计。如何设计供应链战略呢？

设计供应链战略有几个基本的指导思想：

（1）一切以客户为中心。

（2）把供应链当作企业资产。

（3）优化端到端供应链。

（4）与企业战略保持一致。

落地这些思想的工具，我总结了几个模型并申请了版权，在此介绍给大家，与大家一起探讨。

1.5.1 4P+C 模型，供应链规划的工具

如果你是一位供应链总监、运营总监、企业总经理，当你做供应链顶层设计的时候，可以把 4P+C 模型作为工具，用它入手规划供应链。

4P 指产品（product）、流程（process）、伙伴（partner）和地点（place），这四个 P 都是围绕客户（customer）这个 C 的（见图 1-1）。

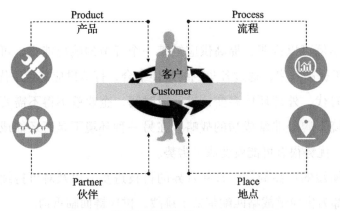

图 1-1　供应链顶层设计——4P+C 模型

1. 客户

客户（customer）是需求的原点，也是努力的终点，供应链设计一切要从客户需求出发。我的观点一直是，选择什么样的客户，就拥有什么样的未来，企业最重要的战略就是客户战略。

选择客户、管理客户需求，是供应链管理的最重要输入。供应链管理就是"需求管理+供应管理"，一端连着需求，一端连着供应，实现精准对接，用客户满意的方式提供其需要的产品或服务。

供应链管理所有的输入根本上都应该来自客户，无论是管理改善，还是提高供应商水平，心中都应装着客户，从客户视角看是否降低了成本、

提高了质量、缩短了交期,是否改善了客户体验,提升了客户满意度。如果把供应链比作一列火车,那么供应链上的各个企业、各个部门就是各个车厢,而客户需求呢,就是火车头。

但很多企业,走着走着就忘了初心,各部门不直接接触客户,感知不到客户的需求。管理部门在加强"管控",业务部门感知到的都是公司的KPI指标。由于管控,降低了效率;由于强调KPI,逐渐形成了部门墙。所以,供应链管理,必须用客户需求把管理打通,实现协同。

在过去,研发靠赌,销售靠猜。研发赌客户需要什么样的产品,然后研发出来;销售猜客户什么时候需要、需要多少,提前准备,然后向客户推销。在智能时代,企业能实现需求自动感知、精准画像、精准研发客户需求的产品,甚至让客户直接参与研发,通过打通CRM(客户关系管理)、ERP(企业资源计划)、SRM(供应商关系管理)等信息系统,传递客户需求,实现全链条透明可视,客户可以随时随地了解供应链的每一个环节。

在整个从生产到消费的过程中,消费者的角色正发生巨大的变化,决策点逐渐向上游迁移,消费者可参与的环节会越来越多。比如,在传统的规模化生产时代,企业自己设计并完成生产,消费者从成品中进行挑选,这让消费者有了一定的挑选空间,但也造成大量库存。在现阶段,随着电商、网红直播等新模式的兴起,企业可以通过数据,精准把握实际需求量,及时调整生产量,避免产生库存,甚至能提前规划生产规模,避免产能过剩。

2. 产品

产品(product)是供应链的灵魂和载体,产品将供应链各环节串联起来。我们经常把供应链比喻成一条价值链,供应链就像一场接力赛,一棒一棒传递下去,把产品交到客户手上,每个环节都应该是增值的。

发现客户需求或者创造需求,针对需求提供自己的产品或者服务,这是企业存在的意义。但是,产品复杂,供应链也一定会复杂。因此,对我们的考验就是,既要满足客户需求,又能让供应链更有效率。

企业要从需求端开始,引导客户的需求,要有所为有所不为,对客户需求进行管理，让产品尽量简单。有人可能说，客户需求是要去满足的，不是要去管理的。其实，这里就有发现需求、引导需求、创造需求的问题。"满足需求"有非常大的运作空间，因为客户表达的，不一定是准确的需求，也不一定是最合适的需求。所以，销售人员应当做顾问式销售，了解客户真正的需求，了解客户真正想要解决的问题，然后根据自己企业产品的特点，提供最适合客户需求场景的解决方案。销售的本质是做供需之间的精准对接。在智能时代，企业可以利用大数据分析，做到"比客户更懂客户"，开发更适合客户的产品。

当然，客户的需求越来越个性化，小批量多品种生产是常态，产品也并不简单。接下来就看研发能力了。在设计阶段，要把复杂产品简单化，简单产品通用化，产品设计应当学乐高积木，用标准化模块，通过不同组合，满足客户多样化需求。只有产品简单，供应链才能简单。好的设计能支持延迟制造，延后推拉平衡点，提高供应链效率。

数字化时代如何开发产品、制造产品，产品本身应该是什么样子的？我想，产品还是产品，但一定会加入数字化的因素。

比如智能产品、智能制造，通过产品产生数据，实物产品和服务可能更加紧密相连。工厂服务化，是未来的一个趋势；产品服务化，也是未来的一个趋势。

通过大数据对客户进行精准画像，邀请客户参与研发过程，从而进行精准开发。产品开发过程将使用数字化设计与制造的应用软件，如3D打印以及支撑产品创新过程管理的PDM/PLM等，创新产品开发设计。PLM（product lifecycle management，产品生命周期管理）对产品从创建到使用再到最终报废的全生命周期的数据信息进行管理。PDM（product data management，产品数据管理）主要针对产品研发过程及其产生的数据进行管理。使用PDM/PLM，不仅针对研发过程中的产品数据进行管理，同时也包括产品数据在生产、营销、采购、服务、维修等部门的应用，通过数据与供应链上下游连接，实现协同开发。

消费者会越来越青睐个性化的产品，如何精准、快速地研发出消费者需求的产品，并把它们生产制造出来，交到消费者手上，是企业面临的最大挑战。

未来，消费者能够直接参与到设计环节，可以通过模块化设计，自由组合搭配并决定产品的形态或款式。这样，随着模块化的颗粒度越来越细，消费者会有越来越多的选择、越来越自由的搭配，整个生产开始真正进入个性化定制。

3. 流程

要把客户需要的产品交到客户的手上，这中间有三个流（process），即实物流、信息流和资金流。

实物流是一个增值流，从原材料到半成品，再到成品，所有生产制造、仓储、物流运输的过程，都是增值的过程。如何判断是否增值，就看客户是否需要，是否愿意为此买单。

信息流有两种。一种是订单，客户有了明确的需求，会下订单，订单驱动供应链行动。另一种是预测，客户暂时没有明确的订单，给一个预测，加上企业自己的预测，形成需求预测，驱动供应链行动。供应链所有的活动都是基于这两个流的，实物从哪里来到哪里去，这个中间过程就包含信息流。

资金流是能量流。买东西要付钱，客户付给生产商，生产商付给供应商，供应商要付给它的供应商，为供应链提供能量，只有这样的供应链才能持续，它与实物流方向相反。买方收货，卖方获取货款，形成了一个资金流回馈。如果没有资金，供应链不可能流动起来，所以，我们把它叫作能量流。

2035年，物流会更加智慧，通过物联网、大数据等智能化技术，物流系统能模仿人的智能，具有思维感知、学习推理判断和自行解决物流中某些问题的能力，即在实物流通过程中获取信息、分析信息并做出决策。借助北斗导航等定位设施，实现商品从源头开始被实时跟踪与管理，实现信息流与实物流同步。通过RFID（射频识别）感应器、红外感应器、激光传感器、移动通信技术等，实现精准配送、精准交付，进一步还能实现共享物流资源，最终实现"智慧+共享"新物流模式，形成智慧供应链。

使用柔性制造系统，能够帮助缩短产品的研发周期，降低研发成本，提高设备利用率，降低库存风险，提升资金周转率。要想实现"按需生产"，首先，必须保证**产品设计和生产线规划的柔性化**。当企业接到一个新品类的生产订单时，通过运用数字孪生、虚拟现实等技术进行拟实生产，对新的生产制造全过程进行模拟，精准地规划生产线的调整成本和生产能力。其次，必须保证**任务分配的柔性化**，通过智能的任务调度系统，根据工厂的生产能力、订单复杂度和交付时间需求，自动给出一个最优的生产任务分配方案，确保发挥设备和人员的最大生产效率，不让任何一个部件的生产成为瓶颈。再次，必须保证**设备生产能力的柔性化**，使用视觉编程、自然语言交互、行动捕获等技术，快速实现对生产设备功能的重新编程和定义，实现柔性化生产。最后，必须保证**物流管理的柔性化**，通过模块化生产出大量成品组件，通过 RFID 等手段来有效地进行仓储和物流管理，跟踪全流程，避免漏发、发错、发混。通过柔性化，将传统的货→场→人的"以产定销"链路，转换为"人→场→货"的"以需定产"链路，甚至还可以进一步压缩成"人→货"的短链路，真正实现"以客户需求为导向"的新生产模式。

4. 伙伴

供应链伙伴（partner）包括销售渠道伙伴，也包括供应商伙伴。

任何一家企业不可能独自生产全部产品、提供全部服务，需要把部分产品或者工艺外包给供应商，自己聚焦在核心业务上。有时也会根据环境和业务的需求，在合适的时候将业务集中在自己企业内部管理。

自制还是外包是供应链最重要的决策之一。自制好还是外包好，不能够一概而论，要根据企业当时的情况来判断，需要从战略高度去思考。一个企业不可能什么都擅长，需要找合适的伙伴、合适的供应商，要有供应商管理能力，因此与供应商之间的协同非常关键，如对供应商的认证、供应商的选择，还有供应商绩效管理、供应商的淘汰。

对伙伴的管理是供应链管理非常重要的一个部分。

伙伴管理，最重要的是关系管理。与合作伙伴的关系，我把它分成四种，即交易关系、长期关系、协同关系和战略关系。交易关系，聚焦一次性买卖。长期关系，聚焦的不是一次性买卖，而是长期的买卖，如小区门口的商店、菜市场，都是长期关系。一般来说，它不可能卖假货，因为它要发展长期关系。协同关系，不仅仅注重长期性，更注重供应链的协同，需要共享信息。战略关系，是真正的伙伴关系，不仅具有长期性和协同性，相互之间可能还要参股，不仅信息共享，还要风险共担。在《采购2025：数字化时代的采购管理》中，我把它叫作"劣后供应商"，即形成"命运共同体"。

5. 地点

规划供应链，必须考虑客户在哪儿，自己的生产设施放在哪儿。理论上，应该尽量靠近客户，使物流便利。当然也可以根据生产基地在哪儿，去那里找客户，这些都涉及地点（place）。

地点，包括客户的地理位置，也包括企业自己的地理位置、供应商的地理位置。如果是全球经营，还包括全球设施的布局及其地理位置，所以地理位置是供应链设计当中非常重要的一环。如一汽大众总部在吉林长春，但是它的市场在全国，汽车由东北运往全国，物流距离较长，所以，它又在佛山、成都、青岛、天津建立工厂。当然，选择供应商时也优先选择周边的供应商，或者邀请供应商在周边建厂，这个就是出于对地理位置的考虑。

当然在考虑地理位置的时候，还要考虑到政治、经济、社会、技术、法律、环境，即PESTLE。

2035年，会诞生很多新的自由贸易区，贸易将更加自由化。数字化技术会让跨国贸易更加便利、通关更加快捷，虚拟工厂使企业间虚拟链接，3D打印使供应链变短，供应链全球布局将变成产业全球布局。投资供应链设施，不仅要考虑传统生产要素，还要考虑数字化基础设施和产业集群分布。

对于地理位置，要考虑供应链风险。供应商寻源，将由追求低成本变成追求低风险；供应链关系，将由相互博弈变成相互合作，甚至相互参股。

1.5.2　OPPT 模型，战略落地的工具

4P+C 模型是构建供应链战略的底层逻辑，或者说落脚点。那么如何让战略落地，化为企业的具体行动呢？我的总结就是 OPPT 模型，即组织（organization）保障、流程（process）保障、人员（people）保障和技术（technology）保障。

在后文中，我会逐一阐述如何构建有竞争力的供应链组织、如何优化端到端的流程、如何提升人员技能和如何利用数字化技术让战略落地。

面向 2035 智能时代，领先企业都在做数字化转型，咨询公司德勤有一个论断：技术不是数字化转型的关键，战略才是关键。我非常认同这个观点，技术不是障碍，观念才是。

我们到饭店吃饭，会发现"点餐"这个动作已经发生了非常大的变化。从中，我们可以看到数字化给供应链带来的变化。传统点餐，服务员拿一个本子，把顾客点的菜记在点餐单上。后来一些餐厅做了一个列表，由顾客自行在旁边画钩。现在则扫码点餐、结账，还可以点评。

这个小小的改变，不仅省了人工，还加快了上菜速度，并且还能避免上错菜，改善了消费者体验。大的餐饮连锁公司还可以通过记录消费者行为，形成大数据，成为中央厨房开发产品、改善供应链的重要依据。近几年给餐饮食品行业做培训和咨询，我得出一个重要结论：**餐饮业也是制造业，未来一切行业都是制造业**。

如果我们有能力让实物流、信息流、资金流做些改变，提升效率或做些创新，让客户有很好的体验，就可以创造出差异化竞争优势。尤其是当下，很多中国企业已经由追赶变成引领，很多企业已经成为行业的头部企业，此时，必须进行创新。

我对创新创业型企业做过一些研究，发现它们都在供应链方面做了一些

创新。只有创新,才能后来者居上;只有创新,才能实现引领。例如,餐饮行业就是通过供应链创新不断成长迭代的。它先通过冷冻和防腐技术延长食品保质期,将食品送达四面八方。再通过中央厨房的标准化降低成本,将食品配送到各个店面标准化运营。现在通过冷藏和保鲜技术保证新鲜,缩短保质期,以最快速度送达目的地,并用数字化技术全程记录,监控质量。

> **案例**
>
> ### 冰箱大小,是由用户习惯决定的
>
> 美国人过去大都习惯于一周采购一次食品,放入大冰箱中,以冷冻品为主。沃尔玛正是根据这个市场需求每300公里建造一个交叉配送(cross docking)中心,每7天周转一次。
>
> 但是,后来者亚马逊针对会员实施48小时送达业务,导致美国人开始适应生鲜农产品的网络购买模式,小冰箱得以普及,这改变了美国人的生活方式。
>
> 2019年,亚马逊营业额只有沃尔玛的20%,但是其市值已经超过了沃尔玛。2015年10月,亚马逊创始人贝佐斯曾放狂言,要让世界500强之首沃尔玛关门。后来,沃尔玛关闭了269家门店,一定程度上贝佐斯的豪言实现了,亚马逊利用信息流打败了沃尔玛。

华为在其发布的《智能世界2030》中预测,到2030年,每万名制造业员工将与390个机器人共同工作,有100万家企业会建设自己的5G专用网络(含虚拟专网)。

作为广联达科技股份有限公司的数字化顾问,我参与了广联达2022年《建筑供应链数字化转型白皮书》的编写。广联达对数字化供应链的价值做了调研分析(见图1-2)。

畅想未来智能世界,人们无须再排队等候,无须再从事单调乏味的工作,任何商品和服务都会在你最需要的时候即时送达。将用工业化的方式

解决农业问题，打造不受气候和土地资源影响的农场，用数据换产量，解决全球饥饿问题。"源网荷储一体化"的运行模式，将充分发挥发电侧、负荷侧的调节能力，促进供需精准对接，保障电力可靠供应。全链路数字化的能源互联网，将系统性地减少碳排放，让绿色能源更加智能。区块链、数字水印、隐私增强等技术，为数字文明的可持续发展构建坚实基础。

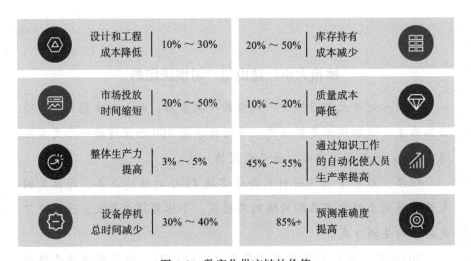

图 1-2　数字化供应链的价值

资料来源：广联达《建筑供应链数字化转型白皮书》。

未来还将更深入地融合 5G、云计算、物联网、大数据、人工智能、区块链等新一代信息技术，实现云网协同、安全可信。协作机器人、自主移动机器人（AMR）、数字员工等新型生产力将进入千行万业。新生产力将重塑生产模式和交易模式，提升生产韧性，提高供应链韧性。

智能化将促进"组织之间高效协同，供需之间精准对接"，实现交付"快"并且"柔"。

面向 2035，大家都明白了数字化对企业的价值，都想实现数字化转型。但是，如何转型，从哪里出发，到哪里去，这些必须首先搞清楚，这就是供应链战略。

供应链战略必须从 0 到 1，实现从无到有。如果错失时代发展赋予的这个机会，那么柯达、诺基亚就是前车之鉴。先行者获胜，亦步亦趋者苟活，落后者则被淘汰。

 自我诊断

1. 供应链部门是否知道客户将来的需求，并把它转化为对供应商的需求？
2. 跨部门沟通是否容易达成共识并统一行动？
3. 是否库存很高，但想要的东西没有，不想要的东西却很多？
4. 是否分析过竞争对手的供应链，并做对标分析？
5. 是否对供应市场做过调研，并进行品类管理？
6. 是否制定了供应链风险管理机制？
7. 是否有供应链战略，并与经营目标相结合？
8. 是否清晰了解技术趋势，并有供应链创新激励机制？
9. 供应商是否不会有送错货等"简单错误重复犯"的情况？
10. 是否组织过供应链知识系列培训？
11. 在应对客户紧急需求、小批量多品种方面，是否有相应举措？

如果超过半数回答"否"，请马上组织制定供应链战略，因为你的企业供应链问题已经很严重了，尽管你自己可能还没有感觉。

第 2 章

供应链组织
从"各自为政"到"高效协同"

---- 导 语 ----

组织是完成任务的载体,它不是一成不变的。外部经营环境由 VUCA 变为 BANI,组织就要考虑供应链韧性;外部客户需求由 B2C 变为 C2B,组织就要考虑由"预测驱动"变为"需求拉动"。

智能时代,每个人要有一技之长,团队成员要各有所长,组织要赋能每个成员,破除部门墙,打造高效协同的组织,赋能商业模式。

当我们谈到组织的时候，你脑海中想到的是什么？是一幅组织结构图，还是组织效率？

脑中是否会立刻闪现出以下场景或苦恼：

组织臃肿，效率低下，职责不清，相互扯皮。会议有很多，但感觉没效率。流程很多，但出了事，似乎没人负责。大家抱怨很多，感觉很累，但似乎有劲无处使。都很忙，但忙得没价值。

如果是，那么就要检讨：人员结构、管理幅度、集权程度、专业分工等是否合理？可以利用这些要素进行组织管理诊断，判断一下，到底是纵向管理层级过多的问题，还是横向管理幅度和部门边界不清晰的问题。其实，这些在管理学上叫指挥链的问题。

组织是管理的载体，无论多么好的战略都需要一个组织去落地实施。组织就是一个资源转换器，将资源的能量转化为目的或目标。资源包括人、财、物、技术和关系。人、财、物好理解，技术指产品技术、制造技术、信息技术、管理技术，关系指客户、供应商、合作伙伴以及外部社会组织的合作关系。这是学术上的定义，需要仔细揣摩。简单地说，组织就像一台设备，设备不好，有再好的材料资源，也很难生产出好的产品。这就是为什么一旦觉得出现前面说的问题，我们首先要检查一下自己的组织；这也是为什么请人做管理咨询的时候，咨询师都会首先看看你的组织。其实，检查的就是组织架构和指挥链是否有问题，看看这些零件是否正常，是否需要大修或小保养，是否需要重新设计。

随着智能商业的发展，传统的科层制组织已经过时，组织需要创新和活力，因而诞生了很多新型的组织形式，它们的结构和指挥链发生了重大变化。

2.1 现代战争，"特战队"型组织大显神通

说到特战队，很多人可能看过美国特战队击毙本·拉登的报道，特战队队员头戴夜视仪，时任总统奥巴马及其团队坐在指挥中心看"直播"，前

方特战队队员的信号可以实时传递给指挥中心，队员间也是通过信息共享，实现协同行动的。

7~10人的战斗小分队深入腹地，机动灵活，并具有超强的战斗力，在复杂的战场环境中，能快速发现目标，制定战术，实施精准打击。这一切的背后，是因为有一套强大的情报收集中心、信息处理中心、后勤保障中心、调度中心及火力支援系统等，按照当下流行的说法，这就是美军的"中台"。我非常喜欢看特种兵类的电视剧。我总是边看边思考，特种兵为什么这么厉害，如何应用在企业管理中。

要想使每名员工都厉害，除培训员工提升技能之外，员工后面的组织还必须厉害，是一个能给员工赋能的组织。其实，如果仔细体会，你是可以感受到这一点的。有的人感觉到自己的组织给力，有的人感觉到自己的组织不给力。智能时代，我们要用数字化手段打造一个给力的组织。

2.1.1 组织的根本任务从未改变

无论组织的形态是什么样子，它的任务是没有变的。向外，就是满足客户需求"又快又好"，这是永恒的；向内，就是要求组织高效率，这也是永远的。组织是完成目标的载体，管理者的任务就是组织资源实现企业的既定目标。无论组织是什么样的，核心都是用户，底层都是物流、信息流、资金流。2035智能时代，最大的不同是数据，用数据打通组织之间的内在联系，用数据构建组织间的高效协同。

为什么要用"特战队"型组织？2035年，简单、重复、繁重的工作由机器人取代，员工按照自己的兴趣从事最有价值、最具创造性的工作。个体越来越强调专业性，特别是综合判断力和创造力，组织将更加强调网络化、平台化，为每个员工赋能，以支撑每个员工有能力根据需求调动资源，快速满足多变的外部需求。特战队的成员分工明确、各有所长、反应快速，还可以根据需要灵活组队，哪个岗位缺人，他人可以迅速补位，因而特战队具有灵活多变的特点及超常的战斗力。智能时代，就需要这种"特战队"

型组织。

2035年，由于组织内外部环境发生巨大变化，组织的形态必须做出适应性的改变。当技术工具不断迭代更新时，组织必须善于使用最先进的工具来提升组织效率；当管理的对象发生变化时，组织必须使用最适合管理对象的手段来进行管理；当客户需求发生变化时，组织必须以"又快又好"的方式满足需求。

2035年，数字化技术将改变企业的方方面面，企业的运营模式将发生根本的改变。"00后""90后"成为职场的主力军，他们是互联网的"原住民"；商业模式将由B2C变成C2B模式；小批量多品种生产成为常态。为了适应这些变化，组织必须能够快速地、敏捷地满足客户需求，必须打造快速、柔性的供应链。

人们不断探索未来的组织形态和管理模式，形成很多新的概念，如生态组织、共生组织，还有很多其他类型的组织。这些都有道理，但是，我觉得所有这些都是在揭示组织之间的内部关系，不是客户导向的外部关系，无法指导人们构建高效的组织。我觉得，2035年的组织形态就是特战队，企业的管理者要把自己的企业变成一支支特战队。

工业时代，组织旨在提高资源利用效率；知识时代，组织旨在优化知识的使用和管理；智能时代，组织的目标是提高洞察能力和创新创造效率，并且组织是自动调优的。为了实现这个目标，企业必须摒弃传统的管理。泰勒提出的"科学管理"，强调管理标准化，以提高组织效率；强调计划和控制，以确保员工高效工作。但现在的情况变了。智能时代，需要研究如何激发员工创意，需要员工创造性地工作。智能组织，通过促进内部和外部协同来提高创新效率。在一个奖励创新的世界中，人类的创造力和数据将成为未来生产力的关键要素。

2.1.2 环境变了，组织形态必须应时而变

组织的本质不是结构，而是能力。在谈到企业管理的时候，我们常常

询问"向谁汇报""对谁负责",问的就是权责分工、角色定位、工作流程。我由企业高管转为管理咨询师后,遇到的最多的词就是"组织变革""流程优化"。流程再造(BPR)曾风靡一时,一有风吹草动,企业就想调整组织架构。为什么这么做?因为内外部环境变了,不得不做,既想保持大企业的规模优势,又想拥有小企业的机动灵活。

随着互联网技术的发展、市场变化的加速,以及环境不确定性的增加,传统的组织边界、僵化的工作机制,降低了工作效率,打击了员工的积极性,扼杀了员工的创造性;部门墙严重,难以对客户需求快速做出反应,以控制为主的管理难以灵活应对外部环境的变化。这一切都迫使企业不得不调整组织架构,说得文绉绉一点,就是要让组织富有弹性;再文艺一点,就是要像水一样,开放包容,以适应任何环境变化。

在智能时代,企业失去了信息不对称时代的地位优势,具有弹性的组织可以依据环境而变化,开放的组织充满了激情和活力,将拥有更好的客户群体和更好的合作伙伴。企业之所以成功,是因为它植入了由内外部合作伙伴组成的具有更丰富的信息、资源和更强能力的网络,能够对瞬息万变的市场做出快速反应。组织模式的变化是充分利用技术创新和满足市场新需求的关键所在。2035年的组织,将更灵活、更生态、更有责任、更具智慧,这样才能满足智能时代组织成功的条件:快速、灵活、整合与创新。

传统的组织结构有很多缺陷:权力、决策和资源被高度集中在金字塔的顶端,权力成了领导者身份和认知的象征;决策和资源过度集中,以及信息不对称,导致企业难以快速对市场变化做出反应。

传统的组织"以职能为中心"而不是"以流程为中心",形成无数个"职能烟囱",使得机构臃肿、流程复杂、效率低下。你如果打开组织架构图,会看到一层又一层,每个层级都有一个"长",并且头衔越来越大,很多"长"不亲自操作一线业务,都在"指挥""审批",多层指挥链导致的信息失真使得高层领导者坐在办公室里很难有效决策。要解决这些问题,就必须重新调整和设计业务流程,进行突破性的改变。

2.1.3 智能时代，组织必须对外部环境有敏锐的嗅觉

组织发展是一个不断成长和调整的过程，当企业发展到一定阶段，或出现重大问题，或想提升效率，或处理危机时，都需要优化组织架构，改变管理层级和管理幅度，以改善员工关系和工作行为。组织调整也必须以客户需求为导向，保持对外部环境的敏感性，这样才能对外部变化做出迅速反应。

智能商业需要一种自动调优的组织，管理不再强调控制，而是为创新者赋能。管理者的职责就是提供基础设施、工作机制和适应情境的文化。通过网络协同，链接创造力提供者；通过数据智能，记录他们的工作绩效；通过激励机制，激发他们更有效地进行创新，以实现他们的梦想和体现他们的价值。

企业组织的调整应该注重三个方面的关系：组织与外部环境之间的关系、组织内部各部门之间的关系以及组织成员和组织之间的关系。必须善于洞察机会、抓住机遇，创造瞬间的竞争优势。其实，所谓的人事问题就是如何使用每个人的能力问题。把不同的人做不同的排列组合，通过组织的形式把个人能力最大化地发挥出来，这就是组织的效能。

数字化打破了组织的边界，链接全社会，数字化也改变了管理幅度。在谷歌，通过推动组织扁平化，将组织层级降为4层；通过数字化手段，拓宽了管理幅度，由传统的管理7～8人，变成管理20多人，甚至30～40人；通过OKR（目标与关键成果），激励了员工。人们记住一家公司不是因为它的结构，而是它的能力，这种能力体现在对未来的洞察力、对外的链接力和管理的灵活性。

在数字化时代，组织必须与外部高度链接。链接才能感知变化，链接才能嗅到机会，链接是未来的时代特征。随着互联网的发展，许多线下会议已经变成线上即时视频会议，如果想了解什么，鼠标点一点，手指戳一戳，一切尽在网上，各种在线学习、慕课、问答、百科将解决众多疑问。随着物联网的发展，万物将互联，不仅能实现人与人、人与组织、组织与

组织的链接，还能实现人与物、物与物的链接，并且，这种链接还是智能的、实时的。大链接是智能时代的重大特征。自然，这种信息链接与资源共享，改变了组织与人、组织与组织之间的关系，将使组织边界更模糊、社会分工更明确、产业协作更生态，新组织将衍生出新的管理课题。

2.1.4 构建有效的基础设施

要想从管控转向赋能，组织需要构建能够支持创新的有效的基础设施，或者说能力、资源。这些设施资源，可以随时被前线"特种兵"调用，或者说，随时为前台人员赋能。

将传统的管理或服务，如人力资源、会计服务和物流管理等，都放在一个平台上，为整个组织提供网络协同和数据智能的"能力"，这些可以随时调用的"能力"就是基础设施。让每个人都能享受到这些基础设施服务，就像公司的餐厅和会议室一样。这样的基础设施平台，必须是一个横向打通的平台，不需要烦琐的审批。没有一个统一的基础设施平台，就不能互联互通，也无法在现有的技术上、管理上进行创新。

我们可以看到，很多企业都有很多"审批"，由于人们讨厌审批人用质疑的口气问"为什么"，于是就选择放弃，刚刚激发的创新"点子"熄灭了，刚刚燃起的"激情"烟消云散了。如何捕捉住创新的"点子"、如何保护好一线作战人员的"激情"，是管理者一个十分重要的课题。知识管理是很多企业管理的短板，通常人走知识走，换个人需要从头再来。当企业构建好基础设施后，可实现知识共享，一切有记录、可调用。

> **案例**
>
> **凭借灵活多变，Supercell 纵横游戏界**
>
> 好的游戏拥有全球吸引力，Supercell 公司制作的游戏，风靡数年，它是如何做到的？

> Supercell 的首席执行官和其他 5 名创始人都是游戏产业界经验丰富的资深专业人士，他们将更多精力聚焦在游戏开发上，其他则借助合作伙伴的资源和能力，比如将游戏在中国的发行运营交给昆仑万维和腾讯，而信息技术基础设施的运维由亚马逊的云计算服务。他们自己会以游戏玩家的身份定位自己，时刻关注客户体验和满意度。
>
> 除此之外，他们致力于营造有利于激发创造性和创新能力的工作平台，并在这个共享平台上以小型团队的形式推进各种工作。
>
> 企业名称中的 Super，指的是共享平台，为每个小型团队的游戏的成功开发提供一切必要的成功要素——企业文化、市场营销、人力资源、财务支撑和技术支持，确保小型团队将全部精力投入游戏开发中。
>
> 小型团队可以称作细胞（cell），相当于特战队，都是独立自主的。每个团队负责一款游戏开发，与共享平台之间是扁平化的关系，而不是层级化的关系。在企业内部，独立自主的游戏开发团队并不是孤岛，游戏设计师可以根据自身的兴趣从一个团队进入另一个团队。这种积木式的组织架构也像模块化产品一样，可以自由组合。小型团队之间也会分享关于游戏开发的成功经验，形成互学互鉴的学习型组织，从而让整个公司的游戏开发理念变得更加超前。

近年来，很多中国企业也在积极探索组织模式创新。海尔坚持企业无边界、管理无领导、供应链无尺度、员工自主经营，构建了"小微组织"。华为"流程固化，人员云化"，把组织打造成"云"，员工彼此交互合作，构建"铁三角"组织模式。此前，客户经理与客户一对一，"铁三角"把客户经理、解决方案专家、交付专家组成一线作战单元，共同为客户服务。

2.2 智能时代，需要高效灵活的"特战队"

谈现代企业管理，我们不得不提到两个人，那就是泰勒和福特。这两个人在现代企业管理上厥功至伟。工业时代，生产效率大幅提升，经济快速发展，由此诞生的科层制和科学管理发挥了巨大作用。

智能时代，生产模式变了，科层制组织过时了，泰勒的科学管理不完全适用了。组织需要创新，通过改变运营模式或改变客户与供应商之间的关系来创造价值。

2.2.1 不满效率低下，学徒工变成管理大师

20世纪初，美国工业快速发展，但传统的经验管理致使生产效率低下。企业主不知道工人一天到底能干多少活，嫌工人干活少，拿钱多；而工人也不知道自己一天到底干了多少活，总认为自己干活多，拿钱少。

泰勒当时在米德维尔工厂做学徒工，后来做过技师、工长、设计师、总工程师等。工厂的经历使他认为，缺乏有效的管理是生产率低下的主要原因，管理的中心任务就是提高劳动生产率。为了提高效率，泰勒提出了基于作业研究和时间研究的系统解决方案，就是后来的科学管理。

所谓作业研究，就是首先把每次操作分解成许多动作，并把动作细分为动作要素；然后，研究每个动作的必要性和合理性，去掉那些不合理的动作要素，对保留下来的必要动作进行改进和合并；最后，形成标准作业方法。所谓时间研究，就是在动作分解与作业分析的基础上，观察和分析工人完成每个动作所需要的时间，包括满足生理需要的时间和其他不可避免情况而耽误的时间，作为标准作业方法的标准作业时间，以确定工人的劳动定额。

在组织管理上，实行职能组织制，由管理部门统一拟定工作标准和工作计划，用科学的工作方法替代以往凭经验工作，管理人员的职能明确，可以提高效率。在大型企业中，高层管理者集中处理例外事件，而将处理日常事务的权力授予中下层管理者。这种以例外原则为依据的管控方式，后来发展为授权原则、分权原则和事业部制等管理体制。

泰勒的科学管理奠定了后期工业工程（IE）学科的发展。没有作业研究

和时间研究，就不会有福特生产方式、丰田生产方式和敏捷生产，也不会有 ISO9000 质量管理体系的过程方法。因此，泰勒被后人尊称为"科学管理之父"。

泰勒的科学管理侧重于生产作业管理，适合标准化作业的生产员工，对知识工作者、对需要创新创造的企业管理者，有很大的局限性，不能适应智能时代的员工管理。在智能时代，简单、重复、标准的工作被机器取代，需要的是人们的创造力。另外，过于强调职能也容易形成山头主义、烟囱效应，造成部门间不协同，形成"部门墙"，降低管理效率。

2.2.2 受屠宰场启发，福特发明了流水线

奔驰发明了汽车，但产能很低。1913 年某一天，亨利·福特偶然在一份屠宰场流水线报告中看到：肉类包装企业在生产过程中，部分人员会把肉类原材料放到传送机上，传送机会将原材料运输到包装肉类的人员手上，大大提高了生产效率。这个报告让亨利·福特茅塞顿开，汽车主要就是由零部件组装的，也可以这么干。

随后，全球第一条汽车生产流水线问世了，每一个组装人员各自负责汽车组装过程中的一个部分，一个工序完成后转送到下一个工序，高效的生产效率让 T 型车的产量大大增加。当年，其他汽车制造公司生产一部车需要 700 多小时，而福特 T 型车只要 12.5 小时，将汽车售价由 4700 美元降到 850 美元。随后，成本不断降低，T 型车的售价最后降到 360 美元。1921 年，福特 T 型车产量已占全球汽车产量的 56.6%。1927 年，T 型车正式停产。福特总共卖出 1500 多万辆 T 型车。

福特汽车创始人亨利·福特有句名言："顾客可以将这辆车漆成任何他所愿意的颜色，只要它是黑色的。"因为黑色油漆比其他颜色干得更快，从而能进一步提高产能。生产效率压倒了一切消费者的个性需求。这就是大规模生产的时代，核心是制造效率、生产成本。

现在，从大规模生产变成大规模定制。原来大规模生产同一种产品，

现在变成大规模生产不同产品，生产模式必须发生变化。消费者从被动、有限地选择产品，变成全流程地参与，管理必须以顾客为中心。一方是有限的制造能力，另一方是无穷的欲望，福特模式遭遇挑战，生产线必须更加柔性，供应链必须更有弹性。

2.2.3 个性化需求，呼唤高效灵活的"特战队"

智能时代，客户需求个性化，需要组织成为"特战队"，高效灵活，快速处置客户需求。组织必须成为赋能平台，为前台赋能，使其有能力对外部环境、客户需求快速做出反应；为团队成员赋能，提升其创新创造成功概率，为客户创造价值。

泰勒和福特都强调通过标准化提升效率，由此演变出来的传统科层制组织架构，已经越来越不能适应社会的发展，无法满足客户个性化的需求。

传统的科层制组织，如直线制、职能制、直线-职能制等，其结构以高度集权为特征，因此，它有效地满足了工业化时代对规模经济的追求。它是一种自上而下的树状结构，或叫金字塔结构，指令自上而下层层下达。上面不了解下面的具体情况，下面也不理解上面的管理意图；上面强调管控，下面照搬执行。信息不能同步共享，目标无法高效协同。

智能时代，业务模式为C2B，客户需要深度参与，有非常大的话语权。与客户对接的前台需要快速反应，才能给客户好的体验。企业内部要像一个个乐高积木，像特战队队员，个个身怀绝技，又可以根据需要快速自由组合。"三个流，两条主线，一个突破口"，客户需要的是"快"。

> **案例**
>
> **场景式购物，驱动供应链管理变革**
>
> 当下，线上线下相融合的全渠道购物已成为主流的消费方式。消费者要么先线下体验，再线上购买；要么先线上比较研究，再到实体

> 店体验购买。
>
> 我在机场看到一本好书,随身携带不方便,就马上从线上下单快递到家。我要买一辆汽车,先在网上做了很多比较研究,然后到线下的实体店去驾驶体验,最后下单购买。
>
> 微信、脸书等社交媒体的兴起,改变了人们的生活方式,也改变了人们的购物习惯。比如,看到电视上嘉宾穿着时髦的衣服或者在朋友圈里得知新的美容产品,有人瞬间就会被燃起购物欲望。我相信很多人都有冲动购物的体验,我本人就有。2022年看上海的春节晚会,我看到一位主持人的围巾非常好看,我夫人立刻在网上搜索,然后下单购买,还没有过完新年,我就戴上了和那个主持人一样的红蓝相间的围巾。朋友给我推荐了一个公众号,里边有一本书,我马上下单购买,第二天到货,立刻就可以和朋友同频交流书中内容了。
>
> 社交媒体、直播等这种随时随地触发的场景式购物或体验式购物,对供应链反应速度是个巨大挑战。消费者不仅要看全渠道购物的灵活性,还希望能够兴之所至随时随地随心地购物,要求供应链必须"快"。未来的供应链不是快,而是更快。

智能时代,组织架构正在发生根本的变化,从传统的组织结构入手变成从信息流入手,一切以客户信息流为中心,重构整个企业的内部结构。我一直高调宣传我的个人观点:"信息流问题解决了,供应链的问题就解决了一半。"企业里有很多信息流,但一切都要围绕客户的信息流,所有脱离客户信息流的信息流都是不能直接创造价值的。

信息流需要各方协同信息,必须实时触达各方,然后让相关的人做出合适的反应。简单地说,就是同步、实时,据此快速反应。比方说,与客户直接对接的客服人员,要想做到真正的"客户第一",就必须解决客户的实际问题,那就要给客服人员赋能。此时,要保障能够让客服人员看到所有与客户问题相关的信息流,知道问题出在哪里;要给予客服人员权限,有能力调动相应的资源解决该问题。而在传统企业里，所有的信息都在科层结构之中被层层筛选，最后上面并不知道实际发生的问题，上面传达下来的指令也常常会失效。为克服科层制组织的弊端，人们做了很多探索，创造出很多组织形式，如矩阵式组织、阿米巴组织、网络型组织、无边界组织、倒三角组织、合弄制组织等。

未来的组织架构更像一张网，组织里的每个节点都与其他所有节点实时相连，确保任何脉动都会及时同步到整个组织。由于高度信息协同，传统的树状或矩阵结构的部门和层级将随之消融，取而代之的是互联互通一体化的柔性组织，一种网络协同模式。组织与客户、合作伙伴之间也是网状相连，来自客户的任何信息都由组织和供应链内相应的网络结构实时接收、协同并给予实时反馈。

组织建设的本质就是，对外要满足客户的需要，对内让组织的效率最大化。阿米巴组织划小作战单位，人人都是经营者，生态型组织强调组织之间的关系，网络型组织注重组织之间的链接方式，矩阵式组织只是科层制的一种变化。我觉得"特战队"型组织抓住了组织建设的关键，对外，可以快速对客户需求做出反应，对内可以根据需要自由组合、调动资源。"特战队队员"就是对接客户的前台，可以自由调动资源的就是中台。

2.3 利用网络，小企业也可以干大事

互联网给企业赋能，极大地拓展了组织的能力，让组织获取要素更容易、成本更低，无论是场地、人员、资本这些传统生产要素，还是供应链上的物流、信息流、资金流，包括产品、渠道、系统、数据等。互联网给小企业插上了翅膀，让它可以飞得更高，看得更远。

2.3.1 营销渠道，随时随地触达

企业要想发展，关键是要有好的营销渠道，把产品信息送达潜在客户。

小企业没有巨额资金去投广告，营销是小企业的短板。但是，借助互联网，营销渠道更多了，成本更低了，再小的企业也可以通过多种渠道，随时随地触达自己的潜在客户。

人们总结出天网、地网、人网。天网，即线上的所有传播和销售方式，特点是无边界；地网，即线下所有的传播和销售方式，特点是区域性；人网，即人与人之间口碑相传、人际互联。即使暂时没有触达，需要的人也会通过网络搜索到你，通过朋友圈联络到你。天、地、人三网合一，将产品和品牌传播到极致，触达任何一个角落。

2020年之前，很多人还是习惯在线下实体店进行消费，2020年的新冠疫情让更多人的消费方式开始转到线上，我80多岁的老母亲也学会了美团购物，每天观看快手、抖音。

未来，产品的多样性、购买场景的多样性、支付方式的多样性将带来翻天覆地的变化，人们购物时产品知识与价格信息随手可得，比价更便捷，厂家和商家也都不得不重视线上。现在，几乎所有东西都可以线上购买，任何日用品都可以快递到家。

过去需要耗资十万、百万元的广告渠道，现在通过天网、地网、人网以极低的成本向你开放，甚至通过口碑营销、话题营销几乎实现零营销成本。互联网改变了人们的生活方式，也将改变企业的运营方式，重构这个时代的商业模式。

人人都是自媒体，充分利用网络，一个人也可以撑起一家公司。我们看到的众多"网红"利用互联网创业成功的故事，就充分说明了这一点。

2.3.2 SaaS模式，小企业用上大系统

前面我讲过，"信息流问题解决了，供应链的问题就解决了一半"。信息系统就是解决信息流的工具。数字化时代，企业运营更需要强大的信息系统支撑，大企业可以花巨资构建大系统，可是小企业没钱、没能力构建复杂的信息系统，怎么办？

不同企业根据财力不同，演化出不同需求：大型企业为了控制成本，希望租用服务器，自己研发软件，产生基础设施即服务（infrastructure-as-a-service，IaaS）模式；中型企业希望利用云平台，自己设计应用软件，产生平台即服务（platform-as-a-service，PaaS）模式；小型企业希望使用现成的软件，应用和数据都上云，产生软件即服务（software-as-a-service，SaaS）模式。

SaaS 模式通过网络提供软件服务。SaaS 平台供应商将应用软件统一部署在自己的服务器上，小企业可以根据需求，通过互联网向厂商订购所需的软件服务，按定购的服务多少和时间长短向厂商支付费用，并通过互联网获得 SaaS 平台供应商提供的服务。

从前，企业要想做大，需要大的系统作为支撑，这对企业来说是笔不小的开支。现在，市面上有大量的 SaaS 软件，你不必花很多钱购买所有权，你只需要购买使用权；你不用担心信息的安全，也不用担心系统的更新迭代，这些都由 SaaS 软件提供商负责。未来云存储、云算法等都将变成基础设施，有大量的云工具，任何一家企业都可以低成本地使用它们。

中采商学开发了几款软件，因为找的软件开发商不行，后来都失败了，也准备开发自己的线上学习平台，询价发现要几十万元到近百万元的软件开发费用。正当我们要付钱开发时，我们发现了小鹅通，通过其 SaaS 软件构建了自己的"中采云学堂"，省了开发费，也省却了软件开发的烦恼。

SaaS 的赢利模式是续费，每年都会找你续费，这是它的 KPI，因此它会想尽办法调动其内部资源，帮你不断解决反馈的问题。并且，SaaS 软件现在也可以定制，更新迭代速度非常快，这些是小企业靠自身 IT 能力做不到的。

未来，SaaS 提供商一定不会只满足于提供 SaaS 软件工具，还会整合供应链，向小企业输送更多的供应链能力。小企业借助 SaaS 平台的供应链可以为客户提供更多的服务，服务更多的客户，让自己的生意做得更大。

上海甄云科技公司是专业的 SRM（供应商关系管理）软件提供商，致力于"全方位采购数字化"，不仅包括供应商管理、智慧寻源，还包括敏捷协同、采购商城，一边接入供方资源，一边对接需求集成。我在对话甄云科技姚一鸣总裁时，他说，甄云坚持长期主义，会不断延展供应链服务。

2.3.3 专精特新，小生意也有大市场

我个人判断，未来企业的规模不是变大，而是变小，将通过互联网提供其产品和服务给更多的客户群体，做细分市场、利基市场，做专精特新。我们的学员中就有很多这样的企业，聚焦在某个细分市场，企业规模不大，就 20～30 人，产值可以做到上亿元规模，是细分领域的隐形冠军。

从前，大企业借助规模优势服务大的市场，但小企业受限于各种条件，似乎只能做小生意。现在不同了，借助互联网，小企业也可以将长尾市场做大，把利基市场做强。长尾市场是指那些需求不旺或销量不佳的产品所共同构成的市场，它看似很小，微不足道，但能够积少成多，聚沙成塔。

利基市场是一个细分市场，一般专指因为太小被大企业看不上的市场，又被叫作"缝隙市场""针尖市场"。利基市场（niche market）中的"利基"一词源于法文"niche"（神龛）的音译。法国几乎每家每户都供奉玛丽亚神龛，但是每个神龛成交额实在太小，往往被大家忽视。就是这种被忽视的行业，往往会让当地做神龛的企业、个人作坊活得非常好，因为几乎每家每户都需要。

利基市场代表着大众市场中的一个个狭窄的缝隙，但它并不意味着"小市场"。从前，受限于地理位置，人们的很多需求无法得到满足。随着互联网和快递的发展，时间和空间限制被打破了，细分市场集合起来，足以形成一个庞大的市场，支撑其中的企业发展。

以前很多企业信奉二八原则，认为 20% 的头部客户产生 80% 的销售额和利润，剩下的 80% 是长尾客户，产生的销售额和利润只占 20%，这些长尾客户需求多样，很难经营，所以只需要经营好头部客户就行了。互联网经济的崛起颠覆了这个理念。在亚马逊的销售数据中，长尾部分的商品占了销售总额的 50% 左右，而不是以前设想的 20%。如果不覆盖长尾市场，

亚马逊的销售收入会减少一半。

借助互联网，小企业也可以通过多种渠道高频触达客户，服务单个客户的边际成本也变低了，甚至趋向于零。尽管客户需求多样，但可以借助数字化手段，建立非常丰富的商品库（商品＝产品＋服务），提供海量的SKU（库存进出计量的基本单位）。小企业可以借助互联网，把自己打造成专精特新，专注服务于细分市场、利基市场——从前不易形成规模，其实规模并不小的市场。

小企业也缺人才，但是，数字化时代，通过网络协同，可以链接任何人，任何人都有可能成为你的合伙人。

超级职场时代，遇到问题不要立刻想到要招聘多少全职员工，而要想如何通过网络寻到最合适的人，以何种方式与之合作。

你有任何需求，都可以发布到网上。可以通过网络寻找产品设计师，也可以寻找销售渠道的合作伙伴；可以找秘书助理，也可以找私董会顾问。总之，你通过网络可以找到任何你需要的任何地方的最合适的人。你不必为了招聘他们，走烦琐的流程，不用付出较高的招聘失败成本，也不必担心生意不好的时候付出的裁员离职成本和道德压力，你只需要按照小时或成果付费。相信，高手在民间，一切人才可以为我所用。

案例

网络化组织，让思科生意做大

思科公司成立于1984年，最初只是一家普通的生产网上路由器的公司。1992年，它构建了思科网络联结系统，成为网络化企业管理的先驱。

思科的第一级组装商有40个，下面有1000多个零配件供应商，但其中真正属于思科的工厂却只有两个，其他所有供应商、合作伙伴的内联网都通过互联网与思科的内联网相连，无数的客户通过各种方式接入互联网，再与思科的网站挂接，组成了一个实时动态的系统。

> 客户的订单下达到思科网站，思科的网络会自动把订单传送到相应的组装商手中。在订单下达的当天，设备差不多就组装完毕，贴上思科的标签，直接由组装商或供应商发货，思科的人连包装箱子都不会碰一下。
>
> 思科公司提供完备的网上订货系统、网上技术支持系统和客户关系管理系统。客户可以在网上查到交易规则、即时报价、产品规格、型号、配置等各种完备、准确的信息，可以通过互联网获得各种技术服务在线支持。基于这种生产方式，思科的库存减少了45%，产品的上市时间提前了25%，总体利润率比其竞争对手高15%。
>
> 传统的企业管理幅度和管理层次的矛盾在这里不存在，全球范围内的经营数据通过内联网变得公开透明，最高层的决策通过内联网准确无误地传达给最基层的一线员工，从而企业能够充分授权，员工能够快速决策。企业管理极度扁平化，极大地提高了管理效率。
>
> 结果是，思科每个员工所创造的收入是其竞争对手的3～4倍。

2.3.4　寻找特种兵一样的创新人才

未来的企业都是通过创新创造价值的。创新是由人来完成的，管理者的首要工作就是为业务开展寻找合适的人才，这就需要一套与大多数企业现有系统截然不同的人力资源招聘、培养和激励机制，需要不同的"选育用留"策略。对高绩效员工给予相应的物质奖励是远远不够的，还应包括充分授权的管理环境和具有使命、愿景、价值观的开放包容的企业文化。

智能商业时代需要的人才要有创造力，处理具体业务时，不仅要符合技术逻辑，还要具备商业头脑。不同的业务和任务有不同的具体要求，当人工智能可以完成大部分日常工作时，员工需要做的是推动整体任务的完成和个人技能的提升，将精力聚焦在创新创造性的工作上。

组织中的每个人要各有所长，组织可以通过互联网寻找到这种拥有一技之长的特种兵型的人才，可以通过网络让这些人才协同工作。作为特种兵型的 T 型人才，也可以通过网络为需要的组织提供服务，这是大势所趋。

2.4 借助智能，"大象也可以跳舞"

小企业发展为大企业之后，容易滋生官僚主义，每个人都只是按照科层制的等级行事，强调"权责分工"，按照岗位所限定的职责进行活动。企业里经常问的是"此事应该谁负责"，经常听到的是"这不是我的事儿"，每个人都只关注自己的职责，没有根据组织的最终目标来灵活调整自己的工作方式。

每家企业都力图做大做强，因为规模优势可以使得企业能够享受到市场影响力、品牌形象、资源获取、成本等方面的收益。然而，企业扩张需要更强的管控与内部规范，以保证"整齐划一"，这就会导致层级变多、流程变长。强调管控会导致层层加码，流程变长会导致效率低下；领导高高在上会导致官僚主义，下属揣摩领导精神会导致怕犯错误，等待观望。一个组织，如果处于这样一种状态，效率必然很低。于是，资源浪费，行动迟缓，动作严重变形，大大削弱了企业的反应速度和创新活力，形成严重的大企业病，一旦遇到外部环境快速变化，只能坐以待毙。

未来的企业，处于数字化商业时代，连接、协同、共享成为基本特征。前端如特战队，后端有强大的中后台支撑，企业将把自己的组织打造成一个个模块，像乐高积木一样，可以自由组合，高效灵活，真正实现大象也可以跳舞。

如何既发挥大企业的规模优势，同时又能保持小企业的敏捷灵活，是很多企业长大后的烦恼，人们为此做着很多尝试。

2.4.1 无边界组织，大企业也可以敏捷灵活

无边界组织，不是要完全抛弃组织必有的控制手段，只要是一个组织，

保持一定边界、借助一些控制手段来保证稳定和秩序是必需的。无边界组织强调的是在保证这种稳定和秩序的前提下，突破彼此之间的界限，增强企业组织的灵活性和适应性。

从纵向关系看，那些最接近客户、供应市场等一线的人最了解情况，大多数决定由他们现场做出，决策速度更快，更有弹性，更符合实际。对于关键问题，由跨层次的团队通过头脑风暴发掘新思路，不再受组织中的级别限制，整合集体智慧，并现场决策，不再来回申报审批。比如，大宗物料价格变化迅速，捕捉定价时机非常重要，我在给一些公司做"构建大宗物料采购机制"咨询项目时，打通供应链端到端，特别设计了一些"快"决策机制。

从横向关系看，打破单位、部门之间的条块分割。新产品或服务一旦推向市场，发现新的客户价值，就构建项目组，根据需要快速调集资源，以最快的速度将成果呈现给客户。经常举办跨部门，甚至是跨企业的专题研讨会，组织攻关小组等，探索新工艺、新技术和新方法、新思路，比如举办"供应商创新大会""降本大会"。我在做管理咨询时，就经常使用这些方法帮助企业降本和提升供应链管理水平，效果出乎意料。

从伙伴关系看，对于客户和合作伙伴的要求，预先采取措施，并适时答复，快速反应。战略资源和重要的管理者可以在企业伙伴之间流动，可以互派工作人员到对方企业工作，甚至无偿地"借给"客户和供应商使用。让供应商经理和客户经理在设计企业运行机制和选择战略时发挥主导作用，以便整合资源，从供应商和客户那里获得大量的新产品和新工艺的建议和思路。早期参与、委托管理、采购代表等做法，都有类似的作用，在有的企业，还特别设了采购创新岗，专门负责获取外部创新信息和机会。

无边界组织打破了组织边界，使得企业更灵活了。但是，无边界组织要想运行得好，需要有超强领导力的人来推动，需要非常强的企业文化做保证。例如，采购人员就需要具备全方位领导力，因为他要协调各方，不仅需要有向上领导力、向下领导力、与横向部门协同的领导力，协同利益相关者，达成一致行动，还需要有供应商领导力，以撬动供方资源，打造供应链竞争优势。

2.4.2 阿米巴，实现了组织敏捷灵活

"阿米巴"经营模式是日本经营之圣稻盛和夫提出的。阿米巴经营就是以各个阿米巴的领导为核心，让其自行制订各自的计划，并依靠全体成员的智慧和努力来完成目标。通过这种做法，一线的每一位员工都能成为主角，主动参与经营，进而实现"全员参与经营"。目前也有一些中国企业借鉴和改良阿米巴模式，形成了"三人小组"模式。

"阿米巴"（Amoeba）在拉丁语中是单个原生体的意思，属原生动物变形虫科，虫体赤裸而柔软，身体可以向各个方向伸出伪足，使形体变化不定，故而得名"变形虫"。它最大的特点是能够随外界环境的变化而变化，不断地进行自我调整来适应所面临的生存环境。

在阿米巴经营模式下，企业组织也可以随着外部环境变化而不断"变形"，调整到最佳状态，即成为能适应市场变化的灵活组织。

把组织划分成小的单元，形成一个个阿米巴，采取能够及时应对市场变化的部门核算管理，实现人人都是经营者。这种小集体能够将稻盛和夫"销售额最大化、经费最小化"的经营原则在企业内部彻底贯彻，能够让企业保持大企业规模优势的同时，具备小企业的灵活性。

但是，阿米巴组织有一个潜在难题，就是如何让员工与企业成为"精神共同体、命运共同体、目标共同体、利益共同体"，处理不好，容易形成部门墙，小团体灵活了，却与组织目标脱离了。有些企业在尝试，但如何将采购部门打造成一个利润中心，目前还鲜见成功案例。

2.4.3 后台赋能，听见炮声的士兵可以决策

客户要求快——报价快、交付快、各种反应都要快，销售人员直接接触客户，特别期待企业能够授权自己直接对客户需求做出反应。要做到这一点，后台必须赋能一线人员。在实践中，一线人在干活，后台人在决策，决策者远离一线，掌握的信息常常不准确，决策速度常常不能满足一线需

要。打造为一线赋能的中后台是企业管理者必须重视的重大课题。

可以构建一个强有力的共享平台，提供最佳的共享资源，包括专业支持、信息技术和供应链，乃至人力资源、财务、采购服务等，充分发挥大企业的规模优势。另外，时刻面对客户和竞争者的业务团队，通过责权利的有机结合，在共享平台的支持下，像特战队一样，可以随时调动后台资源，释放创业创新驱动力，保持拼搏和敏捷。这样既保持了大企业的规模优势，又保持了小企业的敏捷灵活，共享中心发挥大企业的资源优势，特战队发挥小团队的灵活性。

从前，组织喊"做大做强"，隐含的意思是通过做大才能做强。我的观点是，未来的组织不是变大而是变小，变得"小而美"和专精特新。因为大不一定强，大不仅增加人工成本，还有可能效率低下。从前，组织变大是因为大可以办大事；未来，小企业借助网络协同也可以办大事。

组织效率提升的前提是信息对称和大规模协作。数字技术解决了这两个问题。信息流问题解决了，供应链问题就解决了一半。社交媒体解决了信息不对称问题，平台工具实现了快捷的平行协作，强大的中台和灵活的前台可以保持信息同步，中台有资源赋能前台，前台有能力调动资源、灵活决策。这样，先进的小组织就有机会获取更多订单，加上灵活和低成本的优势，更容易活下来。美国著名的机构 Upwork 预测，到 2028 年，美国个体工作者将达到 9010 万人，占美国劳动力人口的 60% 以上。数字技术，让更多雇用关系变为协作关系，整个社会类似一个大型的乐高主题公园。

据说，阿里巴巴在 2015 年提出的"大中台，小前台"战略，灵感源于前面提到的那家芬兰的小公司 Supercell。这家仅有 200 名员工的公司，接连推出爆款游戏，是全球最会赚钱的明星游戏公司。这家看似很小的公司，设置了一个强大的技术平台，支持众多的小团队进行游戏开发。这样一来，那些小团队就可以专心创新，不用担心基础却又至关重要的技术支持问题。恰恰是这家小公司，开创了中台的"玩法"，并将其运用到了极致。

阿里巴巴一行人参观完这家公司之后，犹如醍醐灌顶，这才有了后来阿里巴巴将搜索事业部、共享业务平台、数据技术及产品部提出来组成中台事业群,全面升级组织架构的故事。中台做好赋能,前台可以专心开发产品,灵活应对客户需求,快速试错、快速迭代。

> **案例**
>
> ### 海尔倒三角组织
>
> 传统的企业组织结构,如同一个正三角:管理者在最高层,员工在最低层,就像一个金字塔。这种组织形式很稳定,但是缺少活力。员工根据领导的指令才能感知市场需求的变化,这显然不能满足瞬息万变的顾客需求。
>
> 海尔把正三角变成倒三角,员工在最上面,直接面对顾客需求,领导在下面,提供资源和平台,帮助员工去满足顾客需求。
>
> 管理大师彼得·德鲁克说:组织的目的是让平凡的人做出不平凡的事。海尔所探索的倒三角自主经营体组织结构,就是让每一个海尔员工通过为顾客创造价值而体现自身的价值。
>
> 为了让倒三角组织有效运转,海尔构建了四大核心机制。
>
> 第一,顾客驱动机制。
>
> 在海尔,企业由三类自主经营体组成。一级经营体处于市场一线,对于是否开发某个产品或服务拥有决策权。二级经营体提供资源和流程支持。三级经营体要保证不同经营体之间能有效协同,同时要注意大的趋势,发现战略性的机会。通过建立顾客驱动机制,海尔希望能够实现"与顾客零距离"。
>
> 第二,契约机制。
>
> 不同经营体之间互为顾客,经营体之间的关系不是传统意义上的上下级关系,而是契约关系。通过建立契约机制,海尔希望能够实现"内部协同零距离"。
>
> 第三,"人单酬"机制。
>
> 每个自主经营体和个人都是价值创造过程中的一个节点,其存在

的基础是"单",即目标。每个节点都需要明确自己的顾客是谁,把顾客需求转化成自己的"单",然后根据"单"的完成情况获得薪酬。

第四,"官兵互选"机制。

领导者不是由上级任命的,而是采取"官兵互选"来筛选和优化的,任何人都可以公开竞聘经营体长,经营体长被选出后,可以组建自己的团队。如果经营体没有实现预期目标,员工有权力让体长"下课"。

倒三角组织的内涵,就是员工从过去被动地听上级的指挥、完成上级确定的目标,变成自发设定目标,并且积极主动地和上级一起服务于顾客的需求,共同完成为顾客创造价值的市场目标。

倒三角组织,以顾客的需求为直接指令,无须层层汇报而使决策延迟,能够迅速满足顾客需求,从而实现信息化时代以顾客需求为导向的最终目标。

2.4.4 集团部门,要成为共享中心

企业越来越大,管理层级越来越多,管理流程越来越复杂。于是,管理效率低下,部门之间不协同,成为管理上的一个突出矛盾,众多的管理专家都在想尽办法去解决这个矛盾。

近年来,在人力资源领域,特别推崇 HR 三支柱理论。我认识很多人力资源专家,向他们请教,我觉得采购与供应链职能管理可以向 HR 三支柱模式学习,借鉴这个做法,创新采购与供应链管理方法。

HR 三支柱模式的三个支柱,分别是 COE(专家中心)、HRBP(人力资源业务合作伙伴)和 SSC(共享服务中心)。每个支柱各自独立但又互相配合,共同形成一个完整、循环的工作闭环,服务于企业的人力资源管理。

COE(专家中心),由资深专家组成,是人力资源的知识中心、政策中心,负责整个企业的发展战略、管理标准、流程制度的制定,以及文化建设。这些专家,可以从现有团队中选拔,还可以从业界招聘,或者同优秀

的顾问公司合作。

HRBP（人力资源业务合作伙伴），是配置在各个业务部门中的人力资源专家，属政策执行类。他们不仅懂人力资源，也懂业务，从职能导向转向业务导向，是业务部门的助手。HRBP 除与业务部门紧密配合识别业务需求之外，还需要具备感知、诊断、推动能力，洞察行业、产品和客户的变化趋势，诊断业务问题，提出解决方案，为企业和部门建立可持续的竞争优势。当业务发生变化时，HRBP 要和企业管理层配合，推动组织变革。我觉得，采购可以有 BP（业务合作伙伴）、供应链也可以有 BP。

SSC（共享服务中心），是 HR 三支柱里的作战后台，工作内容主要是日常操作、标准化和模块化的事务，是标准化服务的提供者。这部分工作大量使用外包或用数字化手段，能为企业在降低成本、提高服务质量、简化流程、共享资源等各方面提供更大的竞争优势。

下面以集团采购管理为例，我们来探讨一下如何借鉴 HR 三支柱模式管控集团采购。

对于集中采购，多数公司采用总部与子公司审批分权的模式，由总部负责通用类的，也就是共用物料的采购。总部集合各子公司的采购量，寻找优势供应资源，签订框架协议，具体订单由子公司发送。也有的公司，由总部审批超过一定金额的采购单，低于这个限额的，由子公司自行采购。据此，衍生出统采统签、统采分签，或者分采分签等具体操作模式。

这种方式下，表面上集团总部控制了采购的大额支出，但是由于总部人员与子公司人员不在一起办公，甚至不在一个城市，很少见面，对子公司的业务了解也较少，或者获取的信息不及时，决策速度、决策质量不能满足子公司的需要，子公司有很多抱怨。由于采购的敏感性，很多子公司总经理心里有怨气，虽然影响了业务，但也不愿意"大声"向总部说出来。

我一直强调，管理水平不能高于业务水平，倡导集团采购一定要把"集中采购"和"集中管理"分开。管理应该为业务赋能，促进业务，但在很多企业、很多时候，管理变成控制，中间加了很多审批环节，流程变复杂了，致使效率降低，制约或限制了业务。

这句话是什么意思呢？有的人一说"集中采购"，就想到把本来在子公司的采购业务搬到集团总部，集团总部配置了很多人。尽管总部配置了专业化的采购团队，并且通过集中量的优势获得了更好的商务条件，实现了集团化的采购优势，但是由于总部人员对子公司的业务了解得不够充分，反馈得不够及时，不能形成快速反应，造成很多抱怨。有的公司对子公司总经理有严格的KPI考核，总经理背负销售和利润指标，而采购决策权限在集团总部，一定程度上束缚了子公司总经理的手脚，致使他们无法根据业务具体需要快速调整采购决策。

针对这种情况，我觉得可以借鉴HR三支柱模式，在总部配置采购专家团队，针对不同品类制定不同采购策略，根据公司发展策略，进行人才盘点，制订培训计划。而在子公司，配置相当于HRBP这样的业务伙伴，根据子公司的具体业务提出需求和建议，最后落实品类策略。在总部还可以配置共享中心，共享供应市场的价格信息、技术趋势信息等。

总部，作为共享平台，就像航空母舰或者空军基地，所做的是赋能而不是管控。总部共享平台视各事业部板块为自己的客户，提供高水平的服务。

中国移动公司推行网格化运营改革，通过打造倒三角组织，对2万多个经营末梢单元实施多种形式的承包经营和契约化管理，实行"一线围绕客户转，部门围绕一线转"的管理机制，公司层面用"5G+算力网络+智慧中台"为一线赋能。

2.5 创新引领，打造赋能型企业文化

有一种说法"企业文化战胜企业战略"，说的是企业文化难以被复制，是企业的核心竞争力。它影响着员工的幸福感，以及企业的业绩、在客户和合作伙伴中的声望，乃至投资者的信心。

赋能型组织需要赋能型企业文化，它能激发员工的使命感、归属感和成就感。赋能比激励更依赖企业文化，只有良好的企业文化才能让志同道合的人走到一起。与志同道合的人一起改变世界，想想都是一件让人激动的事。

作为管理的抓手，企业文化超越了一般的市场激励和科层管控。在智能时代，组织的核心职能之一就是打造企业文化和价值观。物以类聚，人以群分。对文化认同，才能聚集志同道合的人，才能打造供应链竞争优势。对于供应链管理者，我的建议就是，你要对自己负责的团队、对合作伙伴多多强调创新。如为采购人员、供应商设立创新考核指标，引导供应商提供创新产品、参与买方企业创新。

2.5.1 共启愿景，打造"合伙人"文化

创新型企业都有鲜明的企业文化和价值观，文化认同是对员工、合作伙伴的基本要求。传统企业是管控与被管控的关系，智能时代的企业是合伙人的关系。组织为每一位有梦想的人赋能，帮助其实现人生价值。对于供应链上的合作伙伴也一样，只有拥有共同的价值观，才能形成利益共同体，共同实现组织的愿景和目标。

从脸书的极客文化和连接世界的情怀，到优步分享经济的理念和冲击传统模式的朝气与霸气，正是这些文化层面的激励，让最优秀的人才和合作伙伴聚在一起。

志同道合的创造之路，对应全新的协作关系。在传统企业里，如沃尔玛、星巴克，称员工为伙伴，而在赋能型的组织里，把具有共同愿景和价值观的创造者称为合伙人。

吸引顶级创造性人才的正是这种合伙人制度。那些赋能型企业里有丰厚的研发投入和无可比拟的技术平台，通过这些，企业能够帮助合伙人实现自己创造的梦想。这种合伙人关系，使得投入和忠诚并不需要组织管控、物质激励来维护，企业坚定执着的价值观和创新追求是强大的凝聚力。合伙人制度的本质是志同道合，需要合伙人之间拥有共同的理想和愿景，而不是简单的利益分配。

共同的使命、愿景和价值观能够凝聚合作伙伴的所有活动，成为供应链长期坚守的精神内核。创造性人才不会仅仅满足于物质激励，他们更关

心组织是否能够帮助他们更好地实现自己的梦想和体现自己的价值。

对于价值观驱动并追求自我实现的创造者来说，只有秉持同样使命和愿景的组织，才能让他们心甘情愿地拥护和付出，并被激发出源源不断的创新动力。

"推动中国采购专业化"是中采商学成立之初的使命，在此使命驱动下，凝聚了一批有志于此的专家和志愿者，在他们的帮助下，已经成功举办8届"中国好采购"千人大会。每年有1000多人聚在上海，看案例大赛，了解行业最佳实践，听专家演讲，了解最前沿的观点，为新一年工作规划输入新思路。

那些创新创业型企业，也可以通过打造这种合伙人文化，让供应商参与产品开发，共享企业发展成果，从而在产品没有批量生产、企业规模不大的情况下，更好地吸引供应商为了共同的愿景目标而努力。

2.5.2 互联互通，打造共同创造的文化

创新不一定靠一个人苦思冥想，更多的是靠集体智慧产生的共创。增加彼此互动的机会，可以提高创新成功的可能性。

随着互联网技术的不断发展，组织内部人和人之间的联系更加紧密，人和人之间互动机制的设计，对于组织的作用可能远远大于对个体的激励。流行的工作坊、头脑风暴、世界咖啡等都是一种有效的共创形式。

创造需要灵感，这件事情本身难以具体规划，组织能做的只是为大家提供各自独立时无法得到的资源和环境，最重要的就是让他们能够得到充分互动的机会，有更多自发碰撞的可能性，只有这样才能创造更大的价值。

> **案例**
>
> **谷歌积极打造共创文化**
>
> 在谷歌员工餐厅，等待时间一般不会超过4分钟，这个时间正好

> 让人可以简单地寒暄和交流，如果等待时间大于10分钟，人们往往就会拿出手机各干各的事。据说，谷歌很多免费服务，都是由这种共创产生的。5个谷歌员工在打台球时，恰好碰上创始人对公司的广告质量公开表示不满，他们在聊天中碰撞出一个全新的思路。在这基础上发展出了谷歌最重要的收入产品 AdWords（关键词竞价广告），据说这5个人里没有一个是广告部门的员工。
>
> 在谷歌早期很长的一段时间内，拉里佩奇自己主持每周五下午召开的员工大会，公司所有正在进行的项目都会在这个会上公布，员工可以挑战和讨论，也有很高的自主权，可以跨部门调动资源。促进协同的机制设计是推动组织创新的重要工作。
>
> 资料来源：曾鸣. 智能商业 [M]. 北京：中信出版社，2018.

2.5.3　创新引领，打造赋能的考核文化

在智能时代，组织的职能是提高团队创新的成功概率，团队成员的驱动力不是传统的劳动报酬，而是成就感和社会价值。要想营造这种氛围，需要重新设计KPI考核体系。

KPI考核是传统管理中最重要的方法，具有非常强的导向作用。现在，很多企业的KPI考核指标都是分立的，采购的、质量的、物流的都分别设立，指标由各个部门独立完成。另外，很多企业的KPI考核都是非常重视结果的，并且与奖金严格挂钩，每个人都为自己的指标负责。因为他人不会做你期待做的事情，只会做你考核做的事情，这样的考核造成部门之间严重不协同。当下的KPI考核机制基于传统的科层制和泰勒的科学管理理论，非常适合工业化时代大规模生产时提高效率的要求。这种考核模式把人当成机器，非常适合动作标准化的生产线工人。

在智能时代，简单、重复、标准化的工作都由机器取代，所有的管理，包括供应链管理都需要创新，需要更多的创新型人才，传统的KPI考核机制已经严重制约了组织之间的高效协同，与薪酬强相关的强力KPI考核，

甚至产生了副作用。因此，必须建设赋能创新的内部考核机制，培育创新文化。所以，很多企业改变考核方式，将组织目标层层分解，并且将很多指标改为有关部门共同完成。例如，库存指标由采购、物流、生产等部门共担，采购降本指标由采购牵头，协同研发、质量等部门共同完成，以保证个人目标与组织目标的一致性。

通过设定跨部门的 KPI，用共同的目标引领，促进组织之间高效协同。但这还不够，需要设计激励创新的考核指标，如给员工和合作伙伴设立创新降本指标等。

但是，即使这样也不行。尽管管理层一再强调部门间要高效协同，人们也不一定做得到，因为看不到自己的指标与企业目标的关联情况。智能时代的 KPI 考核中，物联网构建的数据点可以记录每项工作成果，大数据可以分析每个人的行为习惯，监控系统可以以积分卡或仪表盘的形式显示个人绩效和组织绩效在不同维度上的状态和实时变化。一旦团队成员发现自己没有达到目标或者某项指标不对，他们会修正自己的行为。通过这种办法，组织可以自动调优。

2.5.4　拥抱变化，打造快速响应的柔韧文化

打造企业文化，不是向内聚焦于我们是谁、想成为谁，而是向外关注客户需要我们做什么，想要我们成为什么。企业需要思考的是，如何将品牌承诺转化为员工的行为，确保员工的所思所想、所作所为与企业向客户和其他利益相关者所做出的承诺保持一致。否则，就变成了说一套做一套，这样的企业文化毫无意义。

很多企业，嘴巴上天天讲创新，但是在管理上却没有容错的机制和包容的文化，这样的企业怎么可能有创新。也有很多企业，天天讲供应商是合作伙伴，却在不断地招标、招标、再招标，频繁更换供应商，坚决将价格压到底，没有长期稳定的合作关系，怎么可能成为合作伙伴。

看一家企业的文化，其实很容易，不是看它墙上的口号，而是看高层

管理者说的话、做的事，看他们将时间花在哪里，对员工和合作伙伴的态度、办公室的布局安排、会议的形式和效率是怎样的。最简单的，就是看如何考核。

VUCA 时代，外部充满不确定性，不变的就是变化。现在由 VUCA 进入 BANI 时代，供应链正不可逆转地进行重构，企业必须练就适应变化的本领，培育适应变化的企业文化。

为了适应外部环境的变化，组织必须不断地进行调整，员工要能够适应这种变化。组织必须做好人才的储备计划，必须在制度层面做好应对变化的准备，不能因为任何一个人的变化而影响组织的正常运转。我在一家美国公司工作的时候，每个岗位都有备份，不会因为任何人的离职而影响公司运转。2020 年疫情期间，我开始利用各种机会呼吁，企业在关注"三流"的同时，要关注"人流"。没有人，供应链转不起来。

客户需求多变，选择合作伙伴时，不仅要看其技术能力、生产能力、管理能力，还要评估其适应变化的能力，如快速反应能力、小批量多品种等弹性供货能力。

第3章

供应链流程
从"供需错配"到"精准对接"

---- **导 语** ----

精准对接是供应链管理追求的目标,供需错配是供应链管理致力解决的顽疾。

传统上,人们用项目管理保证进度,用流程管理保证质量。但现实中,"走流程"常常影响进度,运作不好,也没能保证质量。数字化让供应链全链路透明,让流程更智能,将有效避免供需错配,实现精准对接,这是解决供应链管理问题的方向。

供需错配随处可见。供应商到货早了，就变成了库存；到货晚了，就出现断料停产。不管是时间错配还是数量错配，供需错配都会带来大量浪费，于是丰田汽车推动的准时化（just in time，JIT）生产，被各界学习效仿。

2020年的新冠疫情暴露了供应链应急流程上的诸多短板。疫情期间，口罩需求猛增，很多企业盲目扩产，却发现很多关键岗位的工人隔离在家；好不容易找到了工人，却发现作为口罩关键原材料的熔喷布出现严重短缺；好不容易供应商答应送货，却发现物流不行；好不容易把原料送了过来，却发现工人上岗需要消毒的酒精没了；好不容易提升了产能，却发现耗损严重的轴承没有了备件。

在企业里面，供需错配的问题更是比比皆是。例如，产与销断层，造成整个渠道库存高企；采购与生产断层，要么缺料，要么生产过剩；各大配送节点脱节，造成较高的物流成本等。供需错配带来的浪费惊人，必须实现精准对接。JIT就是要消灭供需错配，当然，做到这一点并不容易。造成供需错配的原因很多，但首先应该解决信息流的问题，或者说，切入点是解决信息流的问题。

供应链管理的核心是解决供需匹配的问题，而供应链流程要借助新的数字化技术，消除业务流程中的壁垒和断点，解决流程效率和可控之间的矛盾，实现标准化、扁平化、在线化、自动化和数字化，在全面网络协同中为客户创造价值。数字化解决的就是信息流的问题，信息流问题解决了，供应链问题就解决了一半。

3.1 效率低下，流程管理的痛点

其实，供需错配这种情况并非偶然。一个多世纪以来，将工作分成越来越小的单元，实现了大范围的效率提升，现代企业发展出许多部门，如市场、销售、开发、制造、采购、物流、运营、财务等部门。每个特定部门的员工致力于完成各自部门的工作任务、工作目标，如采购负责低成本买进来，生产致力于提升生产效率，销售致力于增加销量，物流研究高效收发货。这些做法，表面上看没啥问题，其实问题很多。例如从采购角度，需要满足一定的采购量才可以拿到低的价格，但生产并不需要那么多原料。物流总是追求低成本，因为物流人员为物流成本负责，不满载坚决不发货，但客户的需求是小批量、多品种、快交付，站在部门角度满载再发货是最优的，站在公司角度就是伤害。各自关注自己的 KPI，实物流不对接、信息流不对接，必然产生供需错配。

要解决这些问题，就要实施端到端流程改造，并综合应用数字化的手段。只有这样，供应链流程才能从供需错配到精准对接，才能提升流程的效率，最大化客户的价值。为了解决组织间协同、供需错配问题，人们想了很多办法，但一直没有很好地解决。其深层次原因是没有找到问题的关键，并缺少一个有效的管理手段。精准对接，首先要做到信息流精准对接。

3.1.1 协同的 S&OP 并没有起到协同作用

某大型食品制造集团聘请了一家咨询公司来做 S&OP（销售和运营计划）流程实施。在项目做到一半的时候，集团高层突然提出，想要用一套信息系统，把 S&OP 流程固化下来。这个想法是不错的，可是却超出了咨询公司的业务范畴，因为它只做咨询，不提供信息系统服务。高层领导对公司的信息系统和业务情况缺乏足够的了解，不知道公司内部物料主数据编码混乱，分类错位，造成销售数据极其碎片化，无法聚合品类进行销售预测。同时集团也没有后期的预算来支持 S&OP 流程的信息化。虽然 S&OP 会议在顾问协助下开起来了，但在执行层面上发现无法落地。由于没有领会到流程的精髓，也没有高质量的数据和信息系统的支持，在实施 S&OP 的过程中，流程低效而烦琐，使用者怨声载道，最终项目以失败而告终。失败的原因就是信息流没有精准对接。一是客户需求信息大家没有形成同步共享；二是碎片化的信息没有结构化，且缺乏信息系统的支撑。没有精准对接的信息流，就没有精准的数据流，就不可能有精准的决策。

S&OP 的核心作用在于它应用了流程管理的方法，产生一个协调市场、销售、生产、采购、物流的有效的管理机制。同时，通过滚动和整合的计划方法进行市场目标、财务目标、库存目标、服务目标和生产目标的适时和合理的调整，从而提高企业整体的运营效率。

S&OP作为经典的供应链运作参考（SCOR）模型的最佳实践，在大量企业进行了应用。很多企业为了解决计划体系薄弱、战略性计划与运营计划严重脱节的问题，引入了S&OP。但是在实战中，"S&OP难落地"的案例屡见不鲜，一个为协同而诞生的流程往往并不协同。

- 有的企业寄希望于每月一次的会议，但是会议比较形式化，决议完全靠领导拍脑袋。
- 有的企业会议开得过于频繁，一周开好几次，让员工淹没在沟通、会议和报表之中。
- 有的企业，定好的会议，但是高层不重视，导致会议反复延期。
- 有的企业虽然有了S&OP，会也开了，但是决策却游离于流程之外，在执行的时候，随时随地可以打破共识，修改计划，原本为了防火的流程却变成了救火。

S&OP看似已经成为众多企业产销协同管理的一个利器，但是在复杂多变的供需环境下，产销协同的问题是无法通过开几场会议就能解决的。企业如果没有明确的战略规划，则很难形成基于战略驱动的横向跨部门策略协同，而支撑流程运行的技术手段的缺乏，使得决策过程十分低效，再加上决策所需的基础数据缺失，整个S&OP就好比无源之水，无本之木。

如何用数字化的手段，让S&OP更落地，让流程更协同，是2035流程变革所要突破的重点难题。

3.1.2 "走流程"成为业务的绊脚石

案例

审批流程成了绊脚石

在A公司，与采购订单相关的审批流程包括采购计划的审批流

> 程、采购合同的审批流程、采购订单的审批流程、发票入账的审批流程、采购付款的审批流程，这还不是全部，特殊业务还要有合同模板评审，并需要预算特批。每个流程至少要经过4位采购部门领导的审批，且最后必经财务经理和公司总经理审阅。采购的低效一直被需求部门所诟病，甚至被认为是"官僚主义"。而采购部门也一直想对管理做减法，可减不下来，因为有审计要求、内控要求、法务要求、财务要求、制度要求……
>
> 在B公司，为了控制风险，对采购需求的审批设置了多道门槛，在2020年新冠疫情暴发的时候，采购好不容易找到一家货源，但由于是独家采购，需要经过专家评审和领导审批多层关卡，等到一周后流程走完才发现口罩行情大幅上涨，并且市场上已经很难找到货源了。

流程要为业务服务，但是很多时候，正如上述案例一般，流程却变成了业务的绊脚石：

- 有的为了控制所谓的腐败风险，设定层层审批，结果却变成了流程的奴隶；
- 有的因为部门主义导致流程产生断点，部门之间职责不清，相互扯皮；
- 有的因为权力因素故意增加审批人，拉长流程周期；
- 有的虽然意识到了流程低效的问题，想要改变，但是很难推动流程的优化与变革。

美国著名管理学家迈克尔·哈默教授提出："有流程比没有流程强，好流程比坏流程强，但是，即便是好的流程也需要持续改善。"在复杂多变的环境下，企业的客户需求、竞争格局及业务现状无时无刻不在发生着变化，如果用过去的流程来管理现在和未来的变化，往往力不从心。流程的"迟缓"降低了企业的应变能力，也阻碍了企业的创新与发展。

未来办公效率的提升是一片蓝海，还有巨大的挖掘空间。如何用数字化的手段解决效率和可控之间的矛盾，是未来流程管理所必须考虑的核心问题。

3.1.3 信息流问题解决了，供应链问题就解决了一半

企业如果采用的流程术语不一致、信息标准不一致，将会导致系统中的信息无法实现流通、整合与共享。想想我们工作中遇到的问题，很多表面上看似实物流或者资金流的问题，实际上却是信息流的问题。

举两个我曾遇到过的真实案例。

我曾给一家大型企业做"如何打造供应链竞争优势"的培训，时间为 2 天，合同约定课程完成后 7 天内付款，结果 8 个月还没有收到课酬，会计提示课程助理去催款。

正常理解，这是一个典型的现金流问题，很多企业都拖欠供应商货款，于是，我准备让课程助理再次催款。可是隐隐感觉哪里不对，仔细回忆一下，好像是培训负责人告诉我已经回款了，虽然因为人事变动等原因内部流程较慢了点，但也不至于 8 个月。于是，我让会计再次仔细检查回款记录。原来，签合同的是"××集团采购部"，付款写的却是"××集团财务部"，名称不符，会计记录显示这家公司"采购部"没有付款。这家公司很大，采购部有 800 多人，财务部也有很多人。"采购部"和"财务部"可以独立开展培训，相当于两个公司，我都给它们做过培训，付款这个业务都是财务部操作，但会标明是哪个部门的培训项目。

还有一次，我去澳大利亚旅游，买了一点纪念品，用快递方式寄回国内。可是左等右等 1 个多月也没有收到。想想不可能啊，查单子，电话询问，中国海关说没有收到，澳大利亚方面说已经通过中国海关了。货物不可能同时在两个地方。再查，中国海关说有一件货物上的单据丢了，猜测就是这件货物。

延期付款这个案例，表面上看是现金流问题，其实是信息流问题：钱已经付了，单据上没有同步显示。类似这样的事情，在很多公司也都有发生。表面上看，是财务没有按时付款，原因可能是到货信息、收货信息、发票信息等没有及时准确地传递给财务部门，或单单不符，或账物不符，耽误了给供应商付款，带来供应商抱怨。

快递丢件这个案例，表面上看是实物流问题，其实还是信息流问题，单据信息与货物信息分离了，由于单据丢失信息断了。

我们可以回顾一下，在实践中，很多所谓的质量问题，其实都是信息流问题。例如，送错货了、数量不对、单据与合同不符，这个缺几个、那个多几个，各种设计变更或工程变更，信息反映得不准确、不及时、不相符、不真实，其原因是多头传递不一致，或层层传递失真，或当事人马虎，或本位主义导致信息孤岛、故意拖延/误报瞒报信息等，或夸大信息导致牛鞭效应等。

很多所谓的付款问题也是如此，也是信息流问题，或送料单、发票与订单不符，或时间不对，或单据丢失，或因为死板的财务付款时间等。

所以，可以得出这样的结论：供应链管理，更多的是信息流管理，这也是成本最低、见效最快的管理手段。信息流问题解决了，供应链管理的一半问题就解决了。以前重视实物流，未来企业会更加重视信息流。

3.1.4　流程优化没有站在客户视角

流程的起点是客户，终点也是客户。流程管理的真正目的是为客户提供更好、更快的产品或者服务。但是在实践中，供应链流程的优化往往会忽视客户，甚至不知道客户是谁。

本书作者之一刘婷婷，曾经做过一家大公司的流程总监，专门负责流程的优化与变革。有一次牵头做一个采购流程的提效项目，当时通过各种手段，包括去冗、合并、重排、自动化等方式，把八大采购核心流程的周期缩短了一半，但是在年底做内部客户满意度调查的时候，发现客户感知并没有提升。事后复盘，主要存在两个核心问题：一个是流程缺乏对端到端的考虑，虽然局部优化了，但是整体变化却不明显。另一个是流程优化的目标是以过去的周期作为基准的，而没有充分考虑到客户需求的时间。有的采购需求是客户急需的，有的需求其实没那么紧急，所以就造成了做流程的人认为提效了，但是与客户需求还存在差距。

对于企业来说，流程管理是一门学问。在实战中，很多企业都缺乏全局观的流程管理。有的企业流程管理部门各自为政，缺乏端到端的拉通和共识；有的企业缺乏专业的流程管理人才，头痛医头，脚痛医脚，流程的优化未能站在客户视角，也未能进行系统性的分析和思考；有的企业虽然具备比较完善的低阶操作类流程，却没有高阶流程，而这些高阶流程的缺失正是问题不断产生的根源所在，使供应链不断处于救火状态。

只有具备供应链流程意识，建立大局观，站在企业整体利益的高度来考虑问题，以客户需求为导向，才能让流程符合业务实际，并且不断适应企业发展的需要。

端到端流程思想并不复杂，需要员工在完成自己负责的工作时，前后左右看看，看看自己的上下道工序，看看自己的上下级。要从整体考虑，要认识到所有的工作都是在为客户创造价值。端到端流程不仅适用于订单履行、采购等常规性工作，也适用于创造性工作，包括产品开发和需求挖掘。

有两个逻辑问题可以问问自己：

- 听流程的还是听领导的？
- 服从客户需求还是服从企业流程？

写到这里，我特别想跟大家分享一个感悟。有些民营企业，尤其是初创的民营企业，没有流程，或流程不严谨，或不按流程办事，为什么它们可以在市场上立足，甚至可以打败一些大型企业呢？原因就是，它们抓住了两点：客户第一和快。这个"快"，就是我讲的SCM321中的突破口，以"客户第一"为宗旨，就能解决很多协同问题。

3.2 数据驱动，智能化流程的内核

在传统的流程驱动的世界中，流程是最重要的，很多时候企业容易陷入为了流程而制定流程，或者为了走流程而走流程的僵化，而忘记了流程本身的意义所在。在流程固化的过程中，有太多的噪声和干扰，如部门之

间利益的博弈、技术上的限制以及对各种风险的考量等，因而，企业的流程体系往往设计得非常复杂，并且可能与业务的本质相背离。

走流程是让人"讨厌"的，但企业如果没有流程，就会失去控制。2035，就是用"数字化手段"，解决流程效率与可控之间的矛盾。通过实现流程的标准化、扁平化、在线化、自动化和数字化，让数据穿过流程的迷雾，带动企业效率大幅提升，并驱动流程创新，从而快速直击业务的本质。

3.2.1 标准化：复制不走样

企业为了创造价值，从客户需求开始到交付客户满意的产品及服务的过程就是业务流，而流程是对企业业务流的一种表现方式，是优秀实践的总结。企业通过流程来规范管理，端到端地拉通企业流程中的相关资源、组织、岗位、决策、规则等。

在流程中流动的是信息，信息的载体是数据。流程的集成与贯通，本质上是数据的集成与贯通，数据在流程与 IT 中处于核心地位。

如果流程不标准，术语不统一，将会给信息化带来较大阻碍。例如，同一个术语，在不同流程中的解释不一致；同一种岗位，在不同的流程中有不同的叫法；同一种物料，在系统中有不同的名称；流程的绩效指标定义不一致等。

例如，在某世界级能源企业，本来相对简单的业务，由于部门割据，角色繁多，一套数据被反复地解读、二次加工，由此产生了不同的口径和不同维度的报表，这些报表又被用在不同的场合来指导不同的决策，这样不仅运作低效，还常常导致决策上的失误。

在数字化时代，标准化的流程、信息和数据是数字化的前提。数据将成为一种核心资产，其架构将会被统一规划，而数据治理也将成为一个关键事项。企业的不同部门之间将采用同一种管理语言，对相关术语形成一致的理解。而数字化技术，如大数据、云计算、人工智能等将会帮助企业有效解决信息系统的异构性问题。

> **案例**
>
> **大娘水饺和国家电网的标准化实践**
>
> 在大娘水饺,其管理手册厚达300多页,对每道工序都明确了科学量化的标准:水饺大小定量,馅心配制定量,和面兑水定量,佐料配方定量,汤品主料定量。从揉面用什么样的面粉,加多少水,到擀皮的压力、快慢、来回几下,再到60多种馅心的构成等都有具体的操作标准。包饺工被告知,每两水饺6个面坯必须重55克,包上馅心后重120克,上下只允许有5克的误差,并且有专门的包饺部检验员,用电子秤测量饺子重量。
>
> 国家电网在数字化转型的实践中,对采购标准进行了统一的规划和管理,形成109卷、3860万字、2998册的物资采购标准,成为国内最大电网设备、材料结构化采购标准和技术规范数据库,通过固化ID在系统中可直接使用。国家电网的采购标准化工作具体包括五个方面的统一:
>
> (1)统一分类编码。建立统一的物资分类和物料编码体系。
>
> (2)统一型号种类。归并设备型号,避免以特殊参数作为技术壁垒,形成集中采购规模优势。
>
> (3)统一技术参数。对于同种设备应用统一的技术参数,实现产品标准化。
>
> (4)统一技术接口。统一设备一次、二次、土建接口,实现设备通用互换。
>
> (5)统一技术规范。对于同种设备应用统一的技术规范,固化技术规范文本,有助于供应商投标和专家评标。

3.2.2 扁平化:更短、更灵活

美国管理学家彼得·德鲁克指出:"组织不良最常见的病症,也就是最

严重的病症，便是管理层次太多。组织结构上的一项基本原则是，尽量减少管理层次，形成一条最短的指挥链。"

传统的金字塔形科层管理模式往往会造成决策链过长、反应缓慢、官僚化、效率低下等弊端。

数字化时代，信息变得越来越透明，一个组织的管理者和一线员工有可能在同一时间看到相同的信息，此时，组织要做的不是一味地加长流程进行控制，而是实现更加高效的控制，即建立扁平化的柔性管理体系，让流程设计得更科学、更精简，信息更流畅，使企业具有较强的应变能力、快速响应能力和较大的灵活性。

某大型制造企业在实施战略采购转型的过程中，对品类管理进行变革，以前品类管理的决策流程需要经过五个层级的汇报，变革后实现对品类分级、分类管理。对于影响产品核心竞争力的关键品类，给品类总监赋予最高的责权利，品类策略直接向总裁汇报；对于重要品类的采购，由采购部总经理审批；对于一般品类的采购，直接由采购部副总审批。精简决策流程之后，采购策略得以快速确定并落实，组织对外界的反应变得更加灵敏。同时，该企业致力于用数字化的手段提升流程效率。例如，原材料的认证流程，以前需要经过 10 个不同的角色手工输入验证结果，整个验证流程需要花费 3～6 个月，通过采用过程质量表现的大数据分析，原来流程中人工反馈的环节被取消，认证效率提升了 150%。

3.2.3 在线化：全链路、全天候

流程通过 IT 来进行固化，IT 能实现数据之间的集成与流程的自动化，提升流程效率。目前一些企业的供应链流程还存在很多线下操作的环节，例如，计划环节的线下预测、采购环节合同的线下记录，以及生产环节物资的线下挪用等，流程的不透明给供应链带来不可控的风险。

数字化供应链流程需要将每个流程环节和数据记录下来，一切皆数字，一切皆可控。只有让管理者"看见"从需求产生到产品交付的全过程，才

有可能实现可追溯、自动化以及智能化。

不过，在线化并不等同于流程的线下转线上，在线化还意味着供应链全链路的打通和全天候的交互。有的企业的供应链流程或多或少存在一些断点问题，有的企业供应链计划、采购、生产、交付各模块内部没有很好连接，还有的企业只关注内部而未能与外部商业资源进行互动。

在数字化时代，供应链网络会自然地向外扩展，越来越多的要素会并入一个协同网络。供应链的边界变得越来越模糊，传统、封闭、线性的供应链将走向开放、共享与协同。

在淘宝，强大的供应网络背后联结了买家、供应商、物流公司、店铺装修公司、主播等诸多角色，并对技术、资金、人才进行高效配置，由此带来从客户需求提出到需求满足的全价值链重构。

在特斯拉，制造工厂物流中心化，通过自己交付的IT化的垂直供应链，在线生产、在线采购、在线销售。

在海尔，采购战略持续迭代发展，从集中采购升级到资源生态圈，实现产业链的共创共享（见图3-1）。在新的模式下，采购组织由隔热墙转型为开放的平台，让用户与供应商零距离精准对接，同时引入用户评价机制，实现以用户体验为中心的共赢体系。

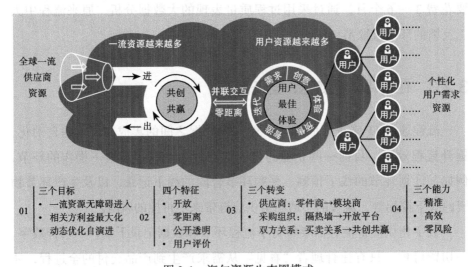

图3-1 海尔资源生态圈模式

3.2.4 自动化：自处理、自反馈、自适应

智能化的基本动作就是自动化，在智能时代，很多简单、重复的工作都会交给机器自动执行。自动控制的一个基本原理就是有输入有输出，输出会反馈给输入，进行自动处理，再次输出。这种自处理、自反馈、自适应形成自动化，不需要人去干预。

RPA（robotic process automation）直译是机器人流程自动化，或者叫流程自动化机器人。其实它是一种软件，可以帮助人类对除自身以外的已经定义好的软件执行自动处理。采购与供应链管理中有大量简单重复的动作，如那些常规的、机械的数据输入和整理工作，都可以用 RPA 来执行。它相当于一个虚拟的员工，面对重复的工作，不会感到烦躁，错误率为 0。RPA 和 AI 将实现完美结合，为企业大幅降低操作成本、提高流程效率。

> **案例**
>
> **某采购部门员工的一个日常工作场景**
>
> 员工 A 上班之后，进入桌面系统（1），输入用户名和密码进行登录，接着打开了自己的邮件系统（2），发现了供应商提出采购请求的邮件，然后检查对方的请求信息是否正确。核对无误后，便打开了公司的采购系统（3），一项一项地将邮件中的请求信息复制粘贴到系统请求的页面中。录入过程中发现，供应商的社会信用代码需要录入，他又不得不打开国家工商行政管理总局的信息网站（4），查询该供应商的社会信用代码，将其复制到系统中。
>
> 最终，他完成了全部信息的录入，但是过程中由于操作不熟练，导致几次将信息录入错误的位置，不得不停下来进行更正。然而这还没有全部完成，因为他需要把这个采购请求提交给总监 B 进行审核。B 打开原始邮件系统（2）看到邮件通知后，打开采购系统（3），查询 A 所提交的信息，逐项核对无误后，点击"通过"。这时，采购请

求才正式生效，生成采购订单。然后A需要将订单打印好，并将这笔订单信息同步到自己电脑的Excel表（5）中，以便后续查询和统计使用，再将订单生成的信息通过邮件系统（2）回复给供应商。以上这样的业务处理过程对于很多企业的一线员工来说最熟悉不过了，而且可能一天要重复很多次。

我们来统计一下上面的操作过程，共涉及13个步骤和5个不同的应用系统。如果我们把这件事交给RPA来做，看看有何不同。

员工A上班后第一件事是启动电脑里的RPA，我们称其为Bot-A。Bot-A会根据员工A提供的待办事项清单逐一完成工作。Bot-A在桌面系统中自动打开办公系统（1）的登录界面，输入已经配置好的员工A的用户名和口令，并点击"登录"自动完成系统认证。

Bot-A自动打开邮件系统（2），登录后按照预制好的规则检查邮件的发件人、标题和时间，筛选出符合条件的邮件，自动打开那封供应商提出的采购请求的邮件，按照规则检查邮件内容是否完整无误。如果不正确，自动回复标准格式的退回邮件；如果正确，则自动打开采购系统（3），将邮件信息填进去。Bot-A按照录入规则判断，自动打开国家工商行政管理总局的信息网站（4），查询该供应商的社会信用代码，并将其填到采购系统中，然后自动提交这笔订单。紧接着，Bot-A打开Excel表（5）自动录入信息，并自动将相关信息写入反馈邮件回复给原始发件人。当完成上述所有工作后，Bot-A会在员工A的桌面上显示一条"已完成×××订单"的提示信息。

资料来源：王言.RPA：流程自动化引领数字劳动力革命[M].北京：机械工业出版社，2020.

我们可以看到，在整个过程中，采购员几乎可以不用参与整个采购请求的处理过程，只要接收Bot-A的反馈信息，监督Bot-A的执行。RPA基于既定的业务规则来执行，产生确定的结果，不仅提升了效率，过程也更合规。

目前很多企业流程自动化的比例还比较低，更多的是由 RPA 来配合人完成工作。未来可能会颠倒过来，更多的是由 RPA 来主导，而人成为配角。

随着业务流程自动化的不断发展（见图 3-2），自动化的流程除自动流程编排、机器人流程自动化外，还包括更高级的自反馈、自适应功能。

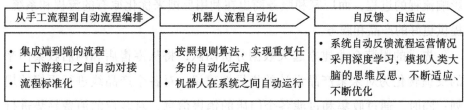

图 3-2 业务流程自动化的发展阶段

目前很多企业业务流程的更新迭代往往是严重滞后的。例如，审计部门在事后审计时才发现流程在设计上有缺陷，然后流程的主管部门才启动流程的优化，以解决审计问题。

利用大数据分析技术能实时对流程的运营情况进行监控与分析，向业务领导人展现关键流程绩效（KPI）以及流程的合规性，辅助决策。而机器学习能够依据数据不断学习来优化流程，实现反馈闭环。在数字化时代，供应链流程只有具备感知能力，才能跟上企业快速发展的节奏，而数字化技术将驱动供应链业务的全面升级。

3.2.5 数字化：数据驱动流程创新

不同时代有着不同的核心生产要素。在农耕时代，土地、劳动力是主要的生产要素；在工业时代，资本成为又一重要的生产要素；而在数字化时代，数据则成为关键生产要素。习近平总书记指出："大数据是信息化发展的新阶段。"世界各国都把推进经济数字化作为创新发展的新动能。

一个企业的流程优化，往往牵扯很多因素，而数据是最客观的，也是最清晰的，数据能够帮助管理者发现问题，并驱动流程创新。

在电商平台，数字化的流程能够改变企业同客户的互动模式，从而带来流程的改变。客户在电商平台下达订单后，平台马上会显示从订单发出到收货的所有流程节点，从而使客户可以随时掌握整个流程的进展。平台甚至还可以根据交通和天气情况预测送货员到达的时间并及时通知客户。同时，通过留言、评论、催促、提醒等社交功能使客户能够更多地参与和影响流程的进程，而厂家和服务商也在利用反馈来优化原有的流程和系统，提供更好的产品和服务。

先进的服装企业建立起大数据分析团队，将从零售店和网店收集回来的反馈转化为对未来产品设计的指导性建议，对各个产品线进行更好的规划；同时，通过收集和过滤各个门店的销售信息，对客户的消费趋势进行感知，从而对短期的生产、库存和配送计划进行及时调整，更好地迎合多变的消费者需求。

可以看出，新技术的引入可能导致企业原有流程的运行模式发生很大的变化，数字化将驱动企业进行新一轮的流程创新。

3.3 精准对接，智能时代的追求

数字化的供应链流程能够实现供需之间的精准对接，最大限度地消除不对称信息因子的影响，从而提升供应链的效率，让供应链更智慧。例如，产品的研发充分考虑消费者的个性化需求，采购所选择的供应商、所购买回来的物料与企业需求相匹配，生产制造出来的产品完全满足研发的各项指标和工艺要求，物流过程能实现精准的配送等。

3.3.1 精准研发：为客户创造价值

阿里巴巴前参谋长曾鸣在《智能商业》一书中提出：在未来，每一个企业都必须有一个和目标客户在线互动的界面。制造商不再会成为一个独立企业，而是成为他人服务闭环里的承载者，或者自己建立一个2C（对消费者）的沟通渠道。

在新时代中，消费持续升级，在物质需求得到满足的情况下，人们开始追求更高层次的精神需求，再加上"千禧一代"年轻群体的崛起，需求更加个性化、多元化，产品和服务开发的生命周期不断缩短。客户渴望参与到产品的生产、定价、营销等环节之中，因为这使得他们能够在产品中获得体验感和参与感。

由此，供应链端到端的整合呈现出新的发展趋势：不仅仅专注于供应端，而是以客户需求为中心，为客户创造价值。满足每一个用户的个性化的需求，是智能商业非常重要的一个特征。

以前研发靠赌、销售靠猜，以后靠大数据，市场需要什么都能知道。制造企业不再是处在代理商后面被动"提供"产品，而是主动分析、主动服务。它们将会更多地邀请客户体验，测试客户的需求，进行符合客户个性的产品开发和服务模式整合，以保证产品或服务的"黏性"，从而反过来促进产品和服务的迭代升级。由此，供应链也就能进行自我反馈、自我补偿，实现智能化迭代升级。

在青岛红领公司，生产线上的每件衣服都是为客户定制的，但效率却是传统制衣厂的数倍。在红领，每个员工都围绕着用户需求转，红领称之为"源点理论"。

海尔利用COSMO Plat将用户需求和整个智能制造体系连接起来，让用户可以全流程参与产品设计研发、生产制造、物流配送、迭代升级等环节，以"用户驱动"作为企业不断创新、提供产品解决方案的原动力，把以往"企业和用户之间只是生产和消费关系"的传统思维转化为"创造用户终身价值"。海外的互联工厂借助该交互平台，迅速响应用户个性化需求，从而完成大规模定制。

数字化研发，在着眼客户的同时，还能让研发出的产品具备可制造性、可配送性、可销售性，大幅提升研发效率。例如，汽车开发中心使用虚拟化技术，在正式进行撞击测试之前，先多次模拟撞击实验结果，从而能减少用于正式撞击测试的整车数量，减少成本和时间，同时让研发质量更可靠。

3.3.2 精准计划：供需云化共享

在传统的运营模式下，企业难以获取精准的市场需求信息，或者获取的信息滞后，无法根据准确的订单数量安排产品生产。计划往往既没有考虑到需求，也没有考虑到供应。而数字化时代，要让计划成为一颗睿智的大脑规划产销协同，让大脑能够发出正确的指令，由网络传递至相关部门，让计划赶上变化。而要实现这点，具体可以考虑以下几个方面。

1. 获得高质量的数据

数据是精准计划的灵魂，我们需要强化决策所需的数据基础，利用大数据分析、物联网、云计算等技术帮助企业获得内外部的宝贵数据，挖掘和洞悉数据背后的逻辑和规律，从而更好地感知需求，识别风险和预见未来。

三一重工与腾讯合作，运用物联网及云计算技术，通过采集分布在全球的30万台设备的实时运行数据，感知设备运行状况并运用大数据修正预测，从而提前部署维修服务，最终不仅实现了故障快速维修，还大大减轻了备件的库存压力。

先进的化工企业会在每一辆载有危险品的运输车上安装传感器，一旦危险发生，传感器会迅速向企业的指挥中心发送警报，这样企业可以调整排产计划，及时应对供应中断。

在淘宝店做预售，根据具体销售情况灵活地安排整个生产计划，实现小批量多品种、快速翻单的柔性生产，这样的情形已经发生在越来越多的生产制造厂家中。

在新零售行业，越来越多的企业采用消费者识别技术来自动收集、分析、识别客户对于产品的各项要素的兴趣度和购买的可能性，自动获得消费者行为习惯和需求倾向，从而形成丰富的客户需求大数据和智能化预测。同时，对短期的生产、采购、库存及交付计划进行及时调整，更好地满足客户需求。

2. 实现需求共享

有了可靠而丰富的数据资源，如果不能共享，则无法发挥出数据的价值。而人是信息流动的最大障碍，会产生企业沟、部门墙。在实践中，下面这些情形经常出现：

- 由于本位主义，给自己"留一手"。例如，销售夸大预测，采购对供应商夸大需求。
- 由于权力意识，信息流被中断。
- 由于太过主观，传递信息时，加入自己的理解，使信息走样。
- 由于预算没有花完，需求部门提出多余的需求。

由于商业利益，员工之间、部门之间、企业之间不愿意分享信息，如供应商不愿意让买方看到库存，采购为了给降本留空间，没有与财务和销售分享真实成本等。

协同共享是实现精准计划的关键所在。我们需要站在更高视角，树立全局观，多一些协同，多一些供应链思维。此外，通过数字化技术实现网络协同，让不同的部门纳入同一计划体系，在同一个时间采用同一数据。

顾家家居为了打造一体化的供应链计划协同体系，成立了专门的联合团队，在战略上明确"一个计划"的方针，即所有的计划都围绕共同的目标，采用共同的语言，使用共同的逻辑来搭建计划模式、框架和模型，并且通过流程和信息化实现信息流的打通。

在美的磁控数字工厂，利用供应商协作云将供应商的生产计划系统放在云端，供应商的信息数据也传送到云端的系统；将客户的需求计划和生产计划通过APS（高级计划与排程）系统拉通，实现了计划的协同互通，形成智能化的基础。

3. 频率提高，时间加长

在阿里巴巴，做战略时要求看十年，做一年。目的是让管理层既能够关注到长远的战略全局，又能兼顾短期的环境波动。我们做计划时，也可以参考这种理念。通过增加计划周期的长度，同时提高做计划的频率，做到长期、中期、短期全面洞悉。例如，以前计划的频率为13周一次，做26周，现在可以根据需要改为4周做一次，做52周，让计划更近、更精确，同时提供远期指导，让供应商能够提前做好产能的规划与布局，让未来更可靠。

> **案例**
>
> ### 改变预测周期，广汽三菱实现精准对接
>
> 2020年5月，国内新冠疫情已得到有效控制，但国外疫情仍不容乐观。受疫情的影响，国外部分企业产能削减严重，部分须从国外进口的共用原材料，成为各大主机厂竞相争夺的资源。采购商纷纷向供应商提出2~3个月的需求，并希望一次性订购，得到的反馈均是无法满足。
>
> 此时，广汽三菱改变思路，与供应商精准对接，提出2个月的长期需求，同时发布2周的精准订单和3~4周的需求预测，并跟踪供应商滚动更新交付计划、库存计划，得到了供应商的良好反馈，保证了企业正常生产。

4. 自调整、自学习

在不确定的环境中，各个环节难免受到各种变数的影响，传统的供应链计划为了应对风险，往往会进行安全库存的储备，但是安全库存设多少往往不够精准，带来供应链成本的上升，或者风险的增加。在数字化时代，需要在精准的前提下做安全库存的储备，对销售速度、消费者满意度、库存水平和补货需求进行大数据分析，从而对计划进行自我修正、自我调整。例如，淘宝利用过去几年人工智能技术上的突飞猛进，让每个人看到的页面都不一样，实现了千人千面。

3.3.3 精准采购：能力状态可视、可预期

在数字化时代，在采购全流程中嵌入自动化、智能化的应用，能使采

供双方的信息透明、公开，让双方的能力可视、可预期，交易变得更加简洁与高效，采购决定也变得更加智慧（见图 3-3）。

图 3-3　采购端到端智能应用

在采购策略制定环节，基于大数据分析，对历史采购开支进行分析，并对市场行情进行智能分析，进而对原材料的价格走势进行预测，识别出符合当前供需关系的采购策略，并对策略进行智能优化。

在供应商寻源环节，利用大数据、人工智能技术可以帮助企业精准寻源，智能推荐最合适的供应商，优胜劣汰。例如，京东企业购通过采购云平台的大数据，对目标人群进行分析，算出相关的采购行为，包括需求频次、需求时间点和数量，精确掌握目标人群的喜好，从而提供智能寻源，为企业匹配更好的采购服务，让采购更加贴近企业需求。

在供应商考察方面，传统的流程通常是手动的，靠人去审核，流程冗长并且容易出错，还容易滋生腐败问题。未来 RPA 可以自动完成许多任务，包括背景调查、供应商资质审查等。还可以利用 VR 技术，当遇到突发情况无法到现场查验时，可以远程上传实时视频，了解供应商情况。

对供应商的评价也可以由系统智能完成，不用再依赖人。通常，企业对供应商的绩效评估需要大量收集内外部的数据，未来可以使用 RPA 来抓取数据，自动执行每月的绩效考评，并通过大数据分析，自动生成供应商数字画像。

在风险管理方面，大数据、预测分析工具等将帮助企业实时扫描采购风险源，自动监测合规性，并提前发出预警，实现风险的闭环管理。

在招标环节，对供应商进行自动背景调查，并通过远程招投标，实现资源的共享，降低招标成本。在新冠疫情期间，不少企业正是利用了远程开标的系统功能才保障了招标工作的顺利进行。

在订单环节，RPA实现订单的自动创建，负责从各个独立的系统中提取数据，自动查找有关部门负责人的电子邮件，获得批准后，自动生成订单请求。此外，RPA可以自动将合同内容与标准模板进行比较，并指出非标准条款和条件，然后自动向审阅者发送摘要，还有电子签章、电子合同、电子发票，这些都将极大提高时效性，并确保合规。

在采购成本管理方面，数字化技术将从网络资源中获取定价目录，并自动跟踪价格的变更。

在付款时，RPA对于供应商提交的发票信息进行自动读取，并执行多项检查。如果发生对账例外情况，可以对ERP系统、Excel表中的数据和发票数据进行相互校验；如果发生异常，RPA将阻止支付流程，并向供应商发起收集正确信息的请求。如果一家企业每年的采购金额是30亿元，发票汇款处理的错误率为0.1%，则通过RPA每年可以节省300万元。

在审计环节，利用RPA，可自动化跟踪和审计相关的业务活动，如留存采购单据、自动组织审计文档等，从而提升审计效率和准确性，预计可以将审计时间削减50%[⊖]。

未来，我们选择供应商的标准也将发生很大变化，供应商的互联互通能力将成为关键的评估因素。采购方的计划和预测需要直接传递给供应商的主生产计划系统，供应商的发运计划与采购方的作业系统对接，并且要求全过程条码化。在先进的零售企业，供应商可以查询到一些有价值的报告，比如哪些产品是热销的，以便做好产品的规划；通过对客户评价的可视化，可以让供应商了解所提供的商品在消费者心目中的评价；通过对不同企业的销量进行对比分析，可以帮助供应商寻找差距，提升能力。

⊖ 数据来源：SAP Ariba。

> **案例**
>
> **构建智慧推荐平台，促进精准寻源**
>
> 三一集团数字化采购的目标是实现实时、在线、按需、自助、无缝协同，让客户与三一集团、供应商实现零距离连接。供应链的资源都将被有效整合，从而敏捷响应客户需求。在供应商的选择与评估方面，三一集团利用用友开发的供应商智慧推荐平台，实现了供应商的智能推荐。该平台采用层次分析法，具体实施步骤如下：
>
> （1）构建品类推荐指标体系，按物料品类搭建与其相匹配的品类评价系统。
>
> （2）基于品类发放调查问卷，收集品类采购关键信息。
>
> （3）利用所收集的品类采购关键信息，建立品类指标成对比较矩阵。
>
> （4）按照系统预置的算法，核算指标体系内各项指标的权重（见图 3-4）。
>
> （5）从 GSP、SAP 及其他系统中按照系统取数逻辑，获取相应数据并进行相关核算。
>
> （6）核算多级指标得分，并将其与指标权重相乘，得出供应商综合评分。
>
> （7）系统按供应商得分情况，自动排序推荐给品类经理。
>
> 在此基础上进一步优化，通过确定可供机器学习的供应商、获取并补全供应商的详细信息、品类经理给供应商定位分类（战略/优选/可选/备选供应商）、确定品类供应商评价指标、获取供应商评价指标数据、搭建训练环境（以供项目前期机器学习与测试）、训练和测试模型、持续优化模型，最终实现供应商的智慧推荐（见图 3-5）。

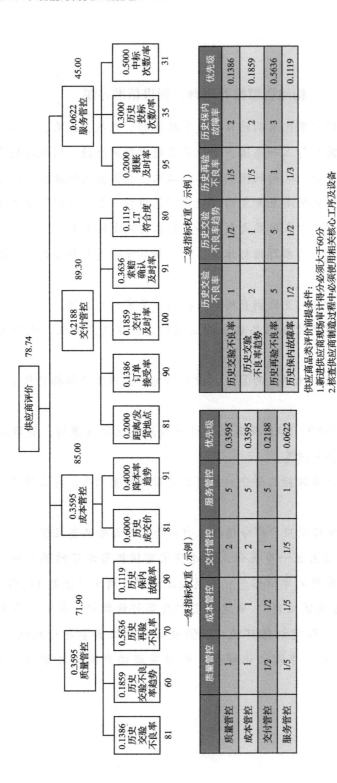

图 3-4　三一集团供应商智能推荐指标

第 3 章 供应链流程：从"供需错配"到"精准对接"

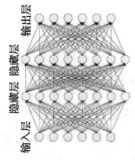

输入层　隐藏层　隐藏层　输出层

训练预测模型
使用BP神经网络算法或随机森林算法，训练供应商得分模型，并使用测试集进行评估，取最优模型用于智能供应商评估

智能推荐供应商
品类经理选择模型，系统根据供应商报名情况，计算各供应商的得分，并根据得分进行推荐

供应商定位分类
使用专家打分法对选定的供应商进行定位分类，如战略、优选、可选、备选供应商

内部指标
质量、成本、交货情况

该品类交易情况
历史交易次数、历史交易金额、历史报价次数、近期报价情况

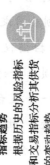
指标趋势
根据历史的风险指标和交易指标分析其供货的变动趋势

图 3-5　三一集团供应商得分预测模型

3.3.4　精准制造：敏捷、柔性、可定制

案例

进博会出现"断臂"事故，3D 打印迅速救场

2020 年 11 月，第三届中国国际进口博览会（以下简称进博会）在上海举行。在进博会 3 馆技术装备展区，瑞典沃尔沃集团展示的一组电气化工地微缩模型颇为吸睛。作为全球第三大建筑设备制造企业，沃尔沃在进博会上描绘了对采石业未来的愿景，通过电气化工地的概念将智能机器、自动化和电动设备相结合，以挑战传统的工作方式，实现零排放、零计划停机、零事故和效率提高 10 倍。

没想到开展第二天傍晚，就在签约仪式拍合影的当口，一位好奇的观众擅自摆弄起遥控杆，把一台 75 吨履带式液压挖掘机比例模型摔下了坡，30 厘米长的挖掘机小臂断裂，导致装备无法运行。

沙盘上奔跑的这些比例模型，与真家伙的功能别无二致，液压、传动、感应等装置一应俱全，每辆模型价值 10 万瑞典克朗，折合 7 万多元人民币，从瑞典定制过来，花了 6~8 个月。"断臂"的模型送回瑞典去修显然是不可能的。

此时，隔壁的展台正在展示专业的 3D 测量解决方案和高精度 3D 打印机，沃尔沃的参展工作人员便抱着"断臂"来到旁边的 Creaform 形创公司求助。该公司技术人员正拿着球形 MetraSCAN 光学三坐标 3D 扫描仪，演示对复杂造型零件的快速测量。接过"断臂"，技术人员 2 分钟就帮忙扫描好了模型，形成数字文件。

再隔着一个展台，是第一次参加进博会的 3D 打印机制造商 UNIZ（优你造），此次全球首秀 UNIZ IBEE 3D 打印机，个头不大，性价比高，搭载全新的第四代 LCD 光固化技术，可以实现大尺寸打印下的 50 微米像素尺寸，对比度最高可达 1000∶1。

UNIZ 的 CEO 李厚民博士正好在现场，输入沃尔沃拿来的数字

> 文件，橙色3D打印机马上工作起来，一个下午就把新的"小臂"打印出来，新定制的小臂几乎可以乱真。
>
> 资料来源：微信公众号金海岸，作者辛迪。

通过进博会的案例，我们看到，一次"断臂"再植，三家企业跨界接力，在合作中破解了难题。先进技术与现代生产作业方式相融合，将会带来传统制造的颠覆性创新。

"十四五"规划提出要提升产业链供应链现代化水平，其核心内涵包含了创新、安全、可持续、敏捷和数字化。要推动供应链向柔性、可定制化转型，打破规模化生产的模式，用供给侧创新应对未来碎片化的需求。未来的制造流程必须适应大批量个性化定制趋势，用工业互联网思维，适应新的消费场景，满足个性定制化的商业主流模式。以下列举领先的数字化工厂在提升敏捷性、柔性方面的典型应用场景。

1. 利用仿真技术优化生产线设计与生产模式

西门子工业自动化产品（成都）有限公司（SEWC）是西门子在中国的首家数字化工厂，SEWC应用Process Simulate（工艺仿真）技术对ICT测试工站机器人解决方案进行设计验证。根据验证结果，在生产线设计阶段及时优化运动部件冲突、机器人布局和效率，避免生产线建造过程中产生设计更改浪费，缩短了建设周期，并为投资决策提供科学依据。此外，SEWC还应用Plant Simulation软件对S7-200组装线的混线生产模式进行仿真和分析，基于人员、工艺、智能小车数量及订单池，使用遗传算法找到不同订单组合下单最优生产线资源配置，提升了10%的生产效率。

2. 数字化的设备管理

施耐德武汉工厂通过部署EcoStruxure Machine系统，实现了全厂100多台自动化设备的一站式监控，所有设备的关键参数和报警信息在这里一目了然。由于数据存储在云端，存储容量不受本地服务器的限制，通过系统收集存储大量的数据用于设备状态的长期追踪、分析以及预测成为可能。另外通过移动终端,授权人员可以在有网络连接的任何地点接入系统查看设备和生产制程的相关数据,这样对于设备和生产过程中发生的疑难问题,可以随时联系设备商、工艺专家或者供应商在线对设备进行远程会诊。供应商的技术人员可以通过网络24小时监控设备的状态和关键参数,依据设备状态制订设备的维护保养计划并提前准备好备件,提升维护效率。

3. 生产物料AGV自动分拣与运输

传统"人到货"的拣货模式,就是指拣货员主动走到货架旁,利用表单、标签或者射频标签等辅助手段进行拣货。这种模式需要拣货员每天不断地在货架区巡回,手眼并用,负担沉重,并且容易出错。随着智能物流技术的发展,越来越多的智能化设备帮助企业更加快捷方便地拣货,如利用自动导引小车(AGV)将货物搬运至拣货员处,进行"货到人"拣选,减少拣货员移动和寻找货物的工作,提升拣货效率与准确率(见图3-6)。

在联想武汉产业基地的生产线上,运行着几十台AGV。这些AGV按11条线路全自动运行在厂区,每1.5小时配送13 000多种原料,可以自行躲避人员和障碍物,无须人工干预。另外,AGV还在不断升级换代。据粗略估计,AGV一年为联想武汉产业基地节省了200个人力。

图3-6 AGV拣货流程

在一汽大众佛山工厂生产基地车间内,AGV灵活穿梭在零件超市仓储区、入库区和分拣区之间,井然有序。在拣选站,AGV按照系统规划路线,准确严格地按零件出库顺序将货架送到相应拣选站点。到位停稳后,安全指示灯亮起,工人按照工作站显示屏指示信息,从AGV送来的货架上的指定位置按指定数量进行零件拣选,然后再按照另一个显示屏的指示信息,将拣选出库的汽车零件按顺序要求放到排序器具上。当货架拣选完成后,AGV搬运货架离开拣选位,后续AGV自动跟上,前移至当前拣选工位，进行下一个工单的拣选排序。当没有工作任务时，AGV会自动返回至巷道交互区暂驻休眠，等待新的任务指令或者根据自身电量的多少，自动去充电桩充电。这种"货到人"模式减少了占总工时30%的无效行走，提高了汽车零件仓储整体的工作效率和准确率，而后端智能调度系统和图形化拣选指示使得拣选错误率降低为零。

由多台AGV组成的柔性物料搬运系统，可以随着生产工艺流程的调整，及时调整相应的搬运路线，进而让每一条生产线都能够制造出多种产品，提高了生产的柔性。

4. 应用物联网技术实现物料自动匹配

在海尔沈阳冰箱互联工厂，应用射频识别（RFID）和自动化技术，每个组件都有专属的身份码，只要扫一下，冰箱的外壳就自动找到对应的内档匹配、门体就自动找到对应的箱体匹配等，生产效率大幅提升，产品的精度和质量也随之提高。

5. 自动立体仓

自动立体仓库主要由货架、巷道式堆垛起重机（堆垛机）、入（出）库工作站台、调度控制系统以及管理系统组成。结合不同类型的仓库管理软件、图形监控及调度软件、条形码识别跟踪系统、搬运机器人、AGV、货物分拣系统、堆垛机认址系统、堆垛机控制系统、货位探测器等，可实现立体仓库内的单机手动、单机自动、联机控制、联网控制等多种立体仓库运行模式，实现了仓库货物的立体存放、自动存取、标准化管理，可大大降低储运费用，减轻劳动强度，提高仓库空间利用率。很多领先的数字化工厂都部署了自动立体仓，例如西门子成都工厂、联想的武汉工厂、中兴通讯的南京工厂等。

6. 生产线5G部署

未来产品的迭代周期会变得越来越短，如果按照传统方式导入生产线，每次更新产品就需要更新生产线的布局，并且更换生产线上的工装夹具、测试设备以及自动化装置，这就给很多需要连接网线的设备带来了难题。利用 5G 低延时、高带宽的技术特点，生产设备和数据就可以更实时地与云端系统实现互联互通，从而大幅提升制造的效率和质量。

中兴通讯位于南京的智能制造基地，将 5G 技术用于 5G 产品制造过程中，探索了十几种 5G 与工业融合的创新应用方案。例如，对每个工位的传感器进行数据采集，并通过 5G 回传到后台，实时反映生产线生产状况；使用 5G 机器视觉进行质量检验，效率提升 30%，漏检率降低 80%；使用 5G 云化 AVG，操作人员减少 27%，周转率提升 20% 等。

7. 云端联合生产

新冠疫情期间，微软与众多制造客户和合作伙伴共同为 NHS（英国国家医疗服务体系）生产医用呼吸机。微软通过 Teams 平台将所有参与企业聚集在一起，将呼吸机一周的产能由 50 个提升至 1500 个。这意味着大约用 10 周制造出了 10 年的产量。从构想到第一个设计，再到 3D 设计，到员工培训，到生成 BOM（物料清单），再到采购超过 900 种不同部件并每周交付 1500 个呼吸机，这一切都是在不到 3 周的时间里实现的。

3.3.5 精准交付：过程稳、末梢快

互联网行业的高速增长，带来了现代物流的快速发展。消费者对物流的需求也在不断提升，以前我们用天来计算物流周期，现在我们用分钟来计算，未来计算单位只会越来越小。

物流最主要的三个环节是仓储、运输和配送。通过实施数字化管理，将 GPS 技术、物联网、二维码扫描技术、传感技术、智能机器人等技术应用到上述环节，不仅可以降低商品的流通成本，还可以大幅提升客户的感知。

在仓储环节，利用大数据，分析大量历史库存信息，建立预测模型，实现库存商品的动态调整。

在货物搬运环节，利用加载计算机视觉、动态路径规划等技术的智能搬运机器人，可简化搬运流程，大大减少订单出库的时间。

在运输环节，RPA可以帮助计算并给出最佳的成本、担保价格和运输时间报告；将区块链应用到货物追踪之中，可以让交易双方、监管部门更为方便快捷地获取货物位置、数量、批次等信息，海关部门可以直接审核货物流通记录，而且不用担心记录造假，这样不仅可以大幅降低人力成本，还能提升运输效率；基于车联网技术将物流车辆的实时地理位置信息进行保存，再利用大数据处理技术实时监控所有物流车辆的运行状态，对停车超时、未按规定路线行驶、车速异常等情况进行实时警报，对收发货异常的订单可追溯其物流车辆的历史轨迹与停靠点记录，实现物流各环节精细化、动态化、可视化管理，提高物流系统智能化分析决策和自动化操作执行能力，提升物流运作效率。

沃尔玛与物联网企业合作开发运输管理系统（TMS），打通内外部系统，通过移动互联网与运输方充分共享信息。智能系统从此取代了烦琐的手工操作，预约承运车辆、装载进度可视、车辆在途动态追踪等信息实时可控，轻松做到随时随地获取商品的位置和到达时间。

德邦快递使用"物流天眼"系统，利用计算机视觉技术识别车位是不是空闲，卸车装车作业是否在正常进行，以及场站内堆积度是不是饱和，通道有没有被堵塞。这些原本需要使用人力现场巡检的工作，均由摄像头完成实时识别，第一时间智能推送给总台，由总台调集人员迅速处理。

在配送环节，随着无人机、智能机器人技术的成熟，配送网络将变得越来越分散，同时能够以更快的速度配送产品，并且交货提前期变得更加灵活。2020年天猫"双11"，阿里巴巴在浙江大学打造全球首个纯机器人送货点位，由机器人承担浙江大学菜鸟驿站包裹的送货上门服务，每天可送3000件包裹。菜鸟也推出了末端配送机器人小G，后台协调所有机器人的揽派任务，机器人识别后会到小邮局装上包裹，全自动地进行路况识别、场景识别、精准定位、自主导航。

> **案例**
>
> **一汽大众佛山工厂智慧物流系统**
>
> 一汽大众佛山工厂的智慧物流系统主要集成了移动机器人控制系统（RCS）、仓储管理系统（iWMS）、生产信息和控制系统（FIS）以及物流总控平台 PLP 系统，四者无缝对接，做到了生产与物流管理的系统化、一体化、透明化和智能化。
>
> PLP 系统是一汽大众的物流总控平台，它通过 WebService 接口，将零件包装信息、零件主数据、超市入库单据等入库相关数据下达至 iWMS，作业员使用 iWMS 通过 REST 协议将具体的作业任务给 RCS，RCS 再向机器人下达搬运动作指令。iWMS 可实时反馈执行结果给上层业务系统，保证信息的可视化追踪。
>
> FIS 控制工厂所有的车辆生产排程，它根据生产计划，将生产每辆汽车所需的零件清单统计后下发给生产和物流系统，生产和物流系统据此安排生产线资源和物流资源，从而保证生产全过程信息的一致性以及生产信息跟踪的及时性。PLP 系统同时也下发一份生产计划给 iWMS，iWMS 同样据此生成超市的零件拣选出库计划，保证超市零件能按时拣选出库并精准送至生产线各个工位。
>
> RCS 负责可控制范围内的全部机器人的任务分配、调度及运行维护。RCS 可建立机器人的"世界模型"，将厂区、仓储地图转换成机器人能够识别的模型数据，从而实现任务的最优分配、路径的最优规划，使系统发挥最佳的工作效能。另外，RCS 可以监控移动机器人的运行状态，当机器人出现故障时，系统将会自动生成信息发送预警至运维人员处，并给出相应的处理意见，做到智能运维，实时反馈。

3.4 端到端优化，让流程更快、更有效

企业变大了，就需要管理；企业更大了，就需要管控。不断强调管理、

强调管控，流程越来越复杂，强势的 KPI 考核越发使得各个岗位的人只关注自己的绩效，关注自己的利益，造成了"部门墙""企业沟"。供应链不协同，使得很多管理措施渐渐地偏离了初衷，"走流程"把效率降低了，让客户不满意了。当今，一种普遍现象是，只靠员工积极主动、勤奋工作，现有企业的组织方式和运营方式已经无法获得大幅的绩效改善。

要想让管理流程不偏离初衷，我们就要牢记流程的使命，既让它实现管理目的，也用它提升效率，为客户创造价值。这是每一位管理者必须思考的重点。

3.4.1 设立"流程所有者"岗位，流程设计有了责任担当

设计一个流程的目的，是创建一个合理框架，指导流程各节点员工高效完成工作。但一个流程的执行，往往是跨部门边界的，流程中涉及多个部门，往往没有一个人对该流程从头到尾负责任。如果没人对流程的效率、效果承担责任，流程执行时就会形成一个个"断点"，不连续；每个人只关注自己的"自留地"，流程整体的效率就会大打折扣。所以，高效的企业都设立一个流程所有者岗位，负责设计端到端的流程。

> **案例**
>
> **某 EMS 电子装备公司流程所有者的职责与权利**
>
> （1）负责设计流程，确保其成功执行并持续改进。
> （2）培训员工正确理解流程，确保流程得到执行。
> （3）识别和监控衡量流程绩效的指标。
> （4）解决流程中的问题，以确保流程按照设计执行。
> （5）使用考核标准和审计结果来评估员工是否执行流程。
> （6）了解内部和外部基准并推动流程改善。
> （7）识别并划分优先级，管理流程的变更。
> （8）建立评估指标，以监控流程的健康状况。

流程所有者主要职责是设计流程而不是监督员工，注重防火而不是灭火。流程所有者的职责是设计流程、优化流程，让每个参与流程的员工都必须对流程及其结果重视并承担责任，避免出现"这不是我的工作"这种现象。流程所有者需要处理流程和职能部门的交集，这是一个难点，在很大程度上决定了企业从流程中能获得多大收益。因此，流程所有者必须是外交官，沟通协调各方，使其达成一致，确保流程高效执行；必须精通组织的运作方式，能得到高级管理员的全力支持，在组织中有一定的影响力和领导力。

3.4.2 设计端到端流程，流程优化才有前进方向

跨部门的管理势必涉及若干职能部门，要求其共同配合工作。然而流程体系是水平运行的，职能部门是垂直管理的，流程被职能部门分成不同的片段，各职能部门只对其工作范围内的局部流程负责，部门外的没有划分穷尽的职责就会出现责任空缺，这些环节的不顺畅会导致整个流程运行效率低下。端到端流程是多个部门针对某项业务的全程闭环，基于业务需求的端到端流程可以被看作全流程的主干线。由于业务的开展往往是相关部门协作的结果，因此，端到端流程通常包含与若干部门相关的局部流程。

端到端流程要求管理者站在全局发展和全流程运行的角度来规范工作细则，避免紧盯着眼前的局部流程。前端拉动后端的流程是由组织内外部利益相关者作为输入、输出节点来构成的，它将上下道工序拉通，做到前端拉动后端，提高组织的响应能力。在数字化时代，通过端到端的可视化，可以解决由于流程割裂而产生的部门墙问题。

通常企业流程可以分为业务流程、管理流程两大类，也可以分成企业级流程、部门级流程、岗位级流程三个级别。端到端流程主要指业务流程，以前端拉动后端，流程优化的本质是根据业务特点和需求对流程进行改进与调整。贯通从客户中来到客户中去的端到端流程，是强调从客户需求出发，通过一系列活动构成的流程动作，实现客户满意的过程。

从客户需求出发，不仅要从外部客户的业务需求出发，也要从组织内部客户的需求出发，把组织内流程的下个环节看作客户。因此，以满足客户需求为出发点并在末端实现客户满意的端到端流程，在运作的各个环节都能实现良好的产出，衔接顺利，从而提高端到端流程的运营效率。

具体操作时，可以注意以下几点：

（1）以客户需求和业务导向为基础重构企业流程。在设计和规划流程时应该从流程的本质入手，不断思考流程的客户是谁，从为客户创造价值、为企业创造价值的角度设计流程。端到端流程优化，其实质是围绕最大价值流设计主干、支线流程的价值链。

（2）要将注意力放在流程全局的运作上，而非关注局部流程上的任务碎片。要站在全局的视角，追求企业的整体最优，保证跨部门指标的逻辑性，实现部门指标与流程指标的统一。

（3）将重复发生的例外过程演变为例行过程。企业内部90%是例行过程，流程管理就是针对这90%的例行过程进行总结和梳理。例外过程的出现频率较低，需要管理者及时提出解决方案，需要例外的资源投入。因此，良好的流程管理会逐步将例外过程管理转化为流程化管理。

（4）在组织内形成主动承担流程边界模糊的工作的文化氛围。在工作中没有完全绝对或穷尽的职责划分，总有些工作在现有的流程体系中没有对应的责任人，但要实现整个流程的顺利运转，这些工作不可或缺，必须有人主动承担。

目前很多企业开发了IPD（集成产品开发）系统，但从合同签订到合同执行目前还没有很好的管理系统来保证，而在这个端到端流程中集中了企业的信息流、资金流、实物流，关系到所有的存货和回款，还有巨大的改善空间。数字化为其提供了很多解决方案。

3.4.3 聚焦客户价值，流程改善有了终极目的

流程改善的目的是提升效率，但如果仅仅考虑某一个节点是错的，仅

仅考虑自己一方也是错的。流程改善需要打通"堵点"，补足"断点"，让流程顺畅执行。但在实际操作过程中，流程制定者和执行者，往往没有全局观，流程改善的效果仅仅形成了局部优化，而全局被弱化了，甚至伤害了客户的利益。

例如，有的企业为加强风险控制，就设了很多层审批，多人参与，风险控制住了，但因为"走流程"时间长，延误了业务的正常开展。

在围绕价值流构建组织内部流程体系时，应在流程层级上尽量减少中间层，主干流程围绕业务和价值链统筹布局，支线流程的设计尽量减少非增值环节，准确实现客户需求，为客户与企业创造最大价值。

我曾经讲过一个观点，大家非常认可。这个观点就是"管理水平不能高于业务水平"，意思就是管理上的烦琐不能牺牲业务的进展。因此，在进行流程改善时，一定要聚焦客户价值。流程分成三种：增值流程、非增值流程和减值流程。增值流程，指客户愿意为此买单的；非增值流程指各种中介类工作，只能促进业务顺利进行，不创造价值，客户不为此买单；减值流程是一种浪费，它耽误了业务的正常开展，损失了客户，这个客户也包括供应商，对供应商来说是"损人不利己"，对客户来说是"不高兴"，减少了合作机会、意愿，或增加了合作的成本。

正确的流程改善应当是，既提高了自身的效率，又增加了客户的价值，至少不减低客户的价值。

例如，航空公司在机场设置了自助值机，或网上值机，表面上看增加了客户的一个动作，但减少了客户的排队等待时间，并且可以自主选择座位，提升了客户满意度，航空公司减少了工作量，是双赢。

再如，很多企业在供应链管理上推行供应商管理库存（VMI），这需要供应商关注客户的库存。从买方角度看，工作量转移给了供应商，库存风险也转移给了供应商，增加了供应商的工作量和风险。根据"羊毛出在羊身上"的道理，最后供应商通过提高报价，成本还是由买方承担。

要想让流程聚焦客户价值，给大家一个建议：让业务主管担任流程所有者，这样，流程改善工作才能直指工作痛点。

第4章

供应链人才
从"经验主义"到"专精特新"

---- 导 语 ----

人才是第一资源,任何事业的成功都离不开人。数字化赋能人,同时也改造人。数字化构建了超级职场,人与组织将构建新型关系,人也需要具备新时代所必需的能力。

从前靠经验,靠勤奋。在智能时代,机器取代人,人需要去创新,做更有价值的工作。只有先做T形人才,再做π形人才,成为超级职场的"专精特新",成为细分领域的顶尖人才、特种兵,才能成为急需紧缺型人才,才能保证职场不败。

看到过这样一则笑话。

问：领导，最重要的战略举措是什么？

答：把最糟糕的员工送给竞争对手，鼓励他们按照现在的方式工作，时间越长越好。

这则笑话中有两个关键点，一个是"最糟糕"，另一个是"按照现在的方式"。这从反面点出了人才的精髓，"最糟糕"意味着企业根本不需要，"按照现在的方式"说明人才需要与时俱进。

这则笑话，说明了人才的重要性。

在智能时代，组织是特战队，每个人必须变成"专精特新"，成为一名特种兵，即人们所说的 T 形人才。比如，你是一名供应链从业者，首先要做个通才，了解端到端的供应链知识，拥有 T 字中的一横"—"。同时，你还要成为专才，是供应链某个细分领域的专业人才。例如专业采购需要具备四大核心能力，也就是要能回答四个问题：为什么选择这家供应商？为什么是这个价格？如何控制风险保证合规？如何进行一场双赢的谈判？具备这些能力还不够，还需要进一步钻下去，如对成本价格有研究，在成本价格管理中又会套期保值，这就有了 T 字中的一竖"丨"。进一步，还可以对某个品类有研究，研究越深入的越是人才。

对"专精特新"人才如果还不能理解，我们可以观察一下医生。相对普通人而言，医生是个人才。但如果你到医院去，有人给你介绍说对面坐着的是个医生，你不会觉得他多厉害，但如果告诉你，他是某个细分领域的专家，如传染病。传染病还有很多种，如呼吸道传染病、皮肤传染病……还可以继续细分下去，越细分越专，这时候，你就觉得他非常厉害了。

在未来，一般性的经验型岗位，以及那些简单重复性劳动都会交给 AI，只有需要综合分析能力和创造力的高级岗位和专家岗位，才会留给人类。这就倒逼我们每个人都要成为高级人才和专家，发挥出我们作为"人"的最大潜能。

在 2035 智能时代，组织需要什么样的人才？如何"选育用留"这些人才？身在职场的我们必须思考，每个管理者也都必须面对。

4.1 灵活雇用，人与组织的新型关系

组织通过机制把人聚集在一起，形成合力，完成组织目标；人在组织中工作，通过组织发挥个人价值，实现人生追求。在智能时代，组织是特战队，是赋能型组织；人需要成为特种兵型的 T 形人才、π 形人才。人与组织通过什么方式连接在一起，这将是智能时代一个重大课题。智能化诞生新型组织，新型组织必将诞生新型关系。传统的雇用关系，将变为合作关系。

4.1.1 人才市场，永恒矛盾有解了

钱多、事少、离家近，这是员工的需求；钱少、专业、随叫随到，这是老板的需求。老板认为员工不切实际、不思进取，员工认为老板心黑、不体恤员工。表面上看，这是一对不可调和的矛盾。

从员工角度看，钱多，是想以较少的付出获得更多的回报；事少，可以理解为对发挥所长之事更有兴趣；离家近，可以理解为不想朝九晚五打卡，把时间浪费在路上。如果这样理解，我觉得这就是人的天性，正是这种天性，促进了社会进步。

从老板角度看，钱少，是想降低人工成本；专业，是希望找到最有能力的人；能干活，随叫随到是希望员工能够听从安排，没有抱怨。这也是企业正常的诉求，正是这种诉求，让企业更有效率。

以前是怎么解决的，有的企业靠的是员工的思想觉悟、使命担当，有的企业靠的是薪酬福利、公平公正。不管用什么办法，在能力、意愿和时间上，都会发现这中间有大量的供需错配。

在能力上，企业总觉得找不到合适的员工，一旦有某种需求，就觉得员工能力满足不了需求，无人可用，而员工经常觉得自己的能力无处发挥，不能人尽其才。在意愿上，有些工作没人愿意干，有些人特别想干但企业里无活可干。有的人懒懒散散，企业又很难淘汰他。有兴趣，干活也不觉

得累；无兴趣，一分钟都觉得枯燥漫长。在时间上，有的人或者有的时候特别忙，时间不够用；有的时候或者有的人，特别空闲，造成了巨大的时间浪费。

随着企业的发展、经营情况的变化，企业对员工的能力和数量需求也会发生变化。

有的时候会出现人力资源不足，有的时候会出现人力资源过剩。或能力上企业不再需要，或数量上企业不要那么多，这造成了大量的人才库存，也可称其为剩余产能。站在供应链的视角看，这就跟产品的供需一样，有的时候会出现断料，有的时候就会出现库存。

当然，企业也可以像生产材料一样，为未来的不确定性储备人才，建立安全库存。这虽然看上去很美好，但库存也会带来一定的成本，甚至出现呆滞库存。当这些人才企业不再需要时，就需要淘汰掉。淘汰员工企业不仅要背负一定的社会道德成本，还会产生一定的资金成本。

因此，时代呼唤，在人才供应上，无论是能力、意愿，还是时间上都能够有足够的弹性来满足企业的需要。利用数字化以及网络协同构建超级职场，为解决这个问题，提供了可能。

中国的人口峰值将在近几年出现，2035年人口结构将发生重大变化。今后一段时间，劳动力人口将逐渐减少，很多艰苦的体力劳动岗位将无人问津，劳动力短缺、人口老龄化是趋势，这势必将改变供应链运作模式。

"90后""00后"将是职场主力，在欧美这些人被称为Z世代（Generation Z）。他们是网络的原住民，网络就是他们的学习工具、娱乐工具，现在正在变成工作工具。

想找什么好吃的，到网上查一查；想到哪里去旅游，就去网上查一查；对哪个方面不懂，就到网上查一查；闲来无事，就上网翻看网络娱乐段子，浏览新闻；走到哪里，首先试试Wi-Fi。

他们工作追求自由、体验感。在中国，"90后""00后"大多是独生子女，上面有爸爸妈妈、爷爷奶奶、外公外婆6个人关爱，这种关爱常常让他们感觉到压力。因此，他们渴望自由，放飞自我；他们没有生存压力，渴望体现个人价值；他们不喜欢被束缚，更喜欢创新；他们工作重感觉，购物重体验，一句不合可能离职，感觉不爽不会买单。

他们普遍受过良好教育，可以承接更复杂、有创意的工作；他们视野开阔、厌倦枯燥乏味的单调工作，渴望尝试新事物；他们更期待自主选择工作任务，自主决定工作时间地点，自由讨论工作内容。

无论是办公室员工，还是生产一线的员工，他们对工作的态度和对工作环境的要求与从前完全不同。随着技术的进步，办公室员工和一线员工的界限也会越来越模糊。作为供应链管理者，必须关注到这些变化，必须从精神层面更多关怀员工。

4.1.2 超级职场，90%的全职岗位将消失

从需求角度出发，由于通信技术和交通工具的进步，我们需要思考：工作还需要朝九晚五吗？讨论工作还必须面对面吗？工作必须由全职员工完成吗？

在数字化时代，获取知识更为容易，缺的不是拥有知识，而是将知识创造性应用的人。机器正在替代蓝领，也正在越来越多地替代以知识为基础的白领，未来更多需要的是有创新型思维、数字化思维的人。企业里有这样的人吗？

在办公室上班是工业时代养成的一种固有思维和习惯，因为在工业时代，工作任务只能在企业内部完成；而在智能时代，很多工作可以越过企业围墙，通过网络、云端、共享等方式完成。

在工业时代，大多数工人本质上是机器的延伸，其工作方式也必然像机器一样整齐划一。人力资源管理的重点是有清晰的岗位职责和岗位描述，这是泰勒的科学管理方式。在工业时代，通过这种标准化分工，确实提升了工作效率。在智能时代，管理知识工作者不能像工业时代一样，那种标准化的分工不能够适应多变的工作需求，不能激发员工的创意。

未来的员工，不一定非得是朝九晚五打卡的上班族，可以是根据不同

任务或计划临时组织起来的工作者。他们可能通过远程平台、合作机构、项目承包人，利用全球互联网，为企业提供服务。其实，最优秀的人才，不一定是企业里的全职员工，有可能是那些来自外部的自由工作者、项目承包人或者志愿者。IBM 的一项调查发现，自由工作者对工作的投入程度比企业全职员工要高得多。因为他们要靠自己的"专业"生存，并且这个专业是他们最感兴趣的专业。

未来一定会出现这样的场景，就是当新增工作需求时，管理者的第一反应，不是考虑要招聘多少员工，考虑内部哪个人行，而是考虑这些任务可以通过哪些渠道找到最合适的人完成。人力资源管理模式，将由传统的岗位导向变成任务导向。

此时的职场，被称为超级职场，传统的雇用模式将消失，个体价值将凸显，企业任务将由全职员工和自由职业者共同完成，90% 的全职岗位将消失。

通信技术的发展和全球教育水平的提升，意味着企业可以雇用世界上任何地方的任何人。利用网络协同，一个小微企业也可以成为跨国公司。

杰西·劳勒是一位来自洛杉矶的企业家，管理着"邪恶天才技术与波普波克软件开发公司"。该公司为博客主持人开发定制应用，位于洛杉矶的总部只有两名美国员工。杰西住在越南，他的团队里有大约一半的人也住在越南，其余的成员住在世界各地，包括英格兰、印度和菲律宾。杰西可以规划团队的结构，以最大限度地利用世界各地的优势，他的一名客户支持和销售代表住在美国，负责管理他的客户，开发团队在越南，以便能低成本聘用高级计算机编程人才。

需要的人变了，供应的人也变了，供需对接的模式更是变了。在超级职场，人力资源将采用供需精准对接的新模式。

4.2 超级职场，需要哪些绝活儿

当机器变得越来越聪明，数据智能在更多场合取代人时，人到底该怎么办？人的未来在哪里？

全球专业咨询服务公司韬睿惠悦和英国牛津经济研究院合作进行了"全球人才2021"调查，结果显示，未来10年最热门的人才需求在于关系建立、团队合作、协作创新、文化敏感性以及管理多元化团队的能力。在数字化时代，企业的数据被打通，一切变得开放透明，工作需要跨职能、跨层级的人员协同，确保大家朝着一个方向前进。

领导力，就是动员大家与你一起完成工作任务的能力。简单地说，就是要让别人听你的，是影响力。在智能时代，和采购与供应链的人共事的，不仅有内部的同事，还有外部的相关者；不仅有国内的，还有国外的；不仅有同一个办公室的，还有线上从未谋面的；不仅有使用传统手段的，还有大量使用数字化、智能化手段的。沟通的场景更为复杂，沟通的对象更为多样。智能时代的采购与供应链职场人，需要具备全方位领导力。

4.2.1 任何人，都需要数字化领导力

未来的企业，人力资源更具多样性，是不同族群与不同文化的融合体，也是社会关系与人脉网的交汇地。越来越多的企业会选择将部分业务外包，充分利用社会资源完成工作，如研发、物流、销售、采购，甚至生产等。网络将大家连接在一起，我们需要与不同的人打交道，没有人是一座孤岛。

1. 作为管理者，必须具备数字化思考问题的能力

在很多次论坛上，都有人这样问我：在数字化时代，很多工作会被机器取代，作为采购与供应链从业者，应该怎么办？我说，如果某个创意是你想出来的，你就会升值；如果这个创意是别人想出来的，很有可能你的工作就会被取代。

研究表明，人工智能可能取代今天知识工作者50%的工作。从前在美国，律师工作很吃香，但是现在美国最好的法学院的毕业生都开始面临找工作的难题，因为律师的很大一部分工作已经被机器取代。中国改革开放之初，会外语的人工资比不会外语的人高很多，但如今简单的翻译工作可

以由机器取代。未来需要创造力，没有数字化思维，不会从数字化角度思考问题的人，将面临很大的职业危机。

在数字化时代，技术在变，工作场景在变，工作方式在变，过去的成功经验可能失效，企业需要重新定义商业模式，构建运营体系，形成新的竞争力。在这种背景下，使用数字化手段创新的能力尤为重要。

2. 作为领导者，必须有推动数字化转型的能力

数字化转型是业务部门的工作，不要把它当成 IT 部门的工作。IT 部门可以提供技术支持，但不能代替业务部门的工作。在实践中，懂 IT 的不懂业务，懂业务的不懂 IT，这就使得很多可以通过数字化转型的机会不能够被发现。

在智能时代，一切业务数据化，一切数据业务化，只有业务部门的人有了数字化思维，才能更好地利用数据，改变运营模式，提高运营效率。究竟哪项业务可以通过数字化来赋能，只有业务领导懂得数字化，才能更好地发现它。业务领导需要具备将数字化与商业应用相结合并转化为价值的洞察力、推动数字化转型战略实施的能力。

3. 作为员工，任何人都要有数字化执行能力

作为普通员工，需要具备数据分析和数据挖掘等能力，甚至具备搭建机器人流程自动化（RPA）等有关智能制造的能力。

德国某著名世界 500 强公司在中国有几十家工厂，这家公司的两位采购高管告诉我，公司鼓励所有员工都学习低代码。

低代码（Low Code）是相对于高代码（All Code）和无代码（No Code）的一个中间概念，不需要学习如何写代码，就能够创建网页、App、小程序等应用或服务，内容包含但不限于报表、数据分析、业务流程、宣传页面等。可以在低代码平台快速拖拽模块，生成协同表格，构建采购和生产等一系列智能的管理系统，来满足日常业务需要。

市场需要低代码的原因是企业越来越需要通过各种应用（App、小程序）来完善内部的信息流转，强化与客户的触点链接，而低代码本身是基于"场

景"出发的,业务人员最懂场景。

在这家德国公司,采购部门里有很多人不做采购业务,做的是数字化工作。

数字化工具不需要我们去发明,但是供应链中的每个人都必须学会熟练使用,就像 2020 年你必须学会网上购物、线上会议一样。在未来,作为一个职场人,如果你不能熟练使用各种数字化工具,你就必然会被淘汰。

采购连接着内外部资源,是内外部数据交互的接口,管理着端到端的价值链。数字化时代需要数字化供应链,万物互联,一切在线,时时在线。

任何人都必须具备快速学习和解决多样性问题的能力,具备在扁平化、柔性化组织中,与各类人进行合作,一起挑战新高度、探索新问题的自驱力。

4.2.2 任何人,都要有与机器人共事的能力

在传统公司,完成工作的是一个个活生生的人,而在智能时代,大量的工作被软件和算法所取代,这就要求人们具备与其共事的能力。

这些软件和算法被称为"电子工人",或机器人,它们不但替代人类员工完成具体的工作任务,还承担起管理人类员工的责任。网约车运营管理系统就是个很好的例子。软件和算法每天管理成千上万的司机,帮助他们有效地完成工作任务。司机用车将顾客送到目的地,但除非遇到特殊情况,管理这些司机的任务已不再由人来承担,而由具有管理能力的机器人来完成。

这些机器人就是我们未来的同事,如果它们管理我们,那它们就是机器人经理,人类员工的角色将会发生变化。为了适应变化,企业高层管理者必须关注人类员工和机器人同事及机器人经理之间的关系,以及新环境下可能出现的一些新问题,比如排斥、恐惧等。

机器人对人类的工作有三个作用:替代,赋能,创造。一些简单重复、可标准化的工作会被替代,一些复杂高难度的工作会被赋能,也会创造一些新的工作,如前面提到的德国公司,采购部门里有很多人就不是做采购的。

波士顿咨询公司在《迈向 2035:4 亿数字经济就业的未来》中的观点

是，未来的数字经济对就业生态主要产生三种影响。

（1）**弱化、消失**：一些岗位将被弱化，甚至消失。因为数字技术会改变商业逻辑，部分行业及职能领域的就业机会将面临转型、锐减甚至消失，现有就业人群的能力必须升级，因为部分标准化、程序化的非脑力工作被成本更低的技术手段取代。

（2）**保留、发展**：一些岗位将被保留，或者拓展。需要特定专业技能（比如数字技术的应用），以及需要人际交互、创造性等素质的岗位，机器智能尚无法大规模取代。

（3）**新增、强化**：一些数字化基础服务的岗位将成为就业增长的重要领域，大量传统产业＋数字化的跨界机会应运而生。同时，数字技术还带动新商业模式，从而诞生新岗位，激活新就业。

作为企业的管理者，必须让员工清楚地认识到这些。为了让现有员工同机器人同事更好合作，必须对员工进行培训，培训其技能，疏导其心理。

> **案例**
>
> ### RPA 代替采购员
>
> S 公司在供应链数字化转型中，引入 RPA，对采购环节中的大批量、可重复的任务，由 RPA 代替，它能够根据事先编写好的脚本，执行重复、机械的任务，用自动化处理来代替人工手动操作，不仅可提高工作效率，一定程度上还能避免人工操作可能出现的错误。目前已运用在订单处理、发票处理、供应商对账、库存管理和合同管理等方面，减少了采购执行人员数量，平均一个 RPA 可以代替 3～5 个人。

4.2.3 任何人，都应该具备项目管理的能力

从前，似乎在项目型企业，才特别重视项目管理，在批量生产的企业，

项目管理没有被放在特别重要的位置。在 2035 智能时代，企业的运营模式由 B to C 转到 C to B，无论是出于竞争，不断推出新产品，还是为了实现客户定制，产品开发周期都会不断缩短，小批量多品种是常态，并且是趋势。开发一个新产品是一个项目，完成一次谈判是一个项目，完成一次采购是一个项目，承接一个订单是一个项目。2035 年，采购与供应链人将有更多机会管理跨职能、跨企业的项目，项目管理成为供应链人的一项必备能力，分解任务成为基本功。采购人要成为具备"采购专业＋项目管理"能力的双料专家。

1. 项目经理，超级职场人的新角色

项目，就是在规定的时间内，利用有限的资源，完成规定的任务。项目管理，不仅有时间控制，也有成本控制、质量控制和风险控制。

要想高质量完成一个项目，必须具备的能力就是任务的分解能力，把任务分解成合适的子任务，然后交给最合适的人去完成，做到子任务与完成人的精准对接。

当以项目管理原则进行工作时，你可以用很少的全职员工有效指挥一个庞大的组织，充分调动行业资源。如果工作任务可以被分解，则组织结构更具灵活性，用各个具备特殊专长的"特种兵"完成任务。每位全职员工，必须具备项目管理的能力。

熟练分解任务对于工作至关重要，因为在超级职场，需要快速创新，工作分解后效率更高、质量更好，员工表现更出色。

2. 分解工作，超级职场人的新技能

为什么要分解工作？管理者的责任就是组织人力资源完成工作任务。很多时候，一个人无法完成工作任务，需要将工作任务分解，首先将工作分解到全职员工，然后再考虑分解到外部平台或自由职业者。

分配工作，其实就是分解工作的过程，把工作任务分解成不同的模块，然后寻找精通各个模块的人，将任务与人做精准对接。

精准的人才选择，是获得组织高绩效的关键要素。甚至可以说，选人决定了企业利润，很多企业的利润在选择人才时就已经决定了。分解工作的目标就是，花最低的成本，找到最合适的人。

工作分解是实现跨时空分配工作的前提，如果一份工作可以发给不同的工作者在家里完成，管理者首先要做的就是把它分解成可管理的模块，然后才能分发给工作者。高难度工作交给高水平的人，低难度工作交给低成本的人，由专业人做专业事。

比如，广告设计、网页设计往往就是网络营销设计师的工作，这项工作应当交给专门的人员，因为他们的水平更高。在内部，让高水平的设计师每周花几小时的时间承担行政工作，无异于浪费人才，不如通过分解，把一般性任务交给成本较低的自由职业者，把较难的工作交给外部专家。这种分解有利于管理者根据工作量和难度系数，灵活调动人力资源。将任务分解为可管理模块是一个技术活，要做到可交付、易度量。

3. 外包服务，超级职场人的新认知

2035 年，将有大量工作外包，由外部专业团队完成，此时，就需要把工作分解成可度量、可交付的任务。工作分解，就像招标采购中的分标一样，是一项必须掌握的技能。

招标采购，首先需要考虑项目进度、供应商专业能力、供应市场竞争情况等，然后进行分标，将一个大的标的分解为可以按期、高质量、低成本完成的小标的。工作分解也一样，将工作任务分解到最小的、易度量的、可交付的子任务。甚至，管理者连工作过程都无须关注，只要确保任务能按时完成即可。

做工作分解的时候，我们要思考是否可以分解成具有有形成果的模块，是否可以分解成低附加值和高附加值任务，分解出来的子任务是否有最合适的人选，是否更容易通过网络协同工作。

像一些计算、互联网和电视广告，以及录入收据等工作，其成果容易"看见"，容易判断是否交付，因此，这样的工作最易外包。如果某项工作很难靠成果来衡量，工作分解就很难操作，很难判断是否交付，因而就很

难外包。比如创意性、战略性的工作，都必须由自己完成，因为这些工作需要对自己的企业有深入的了解，需要面对面的沟通，电话会议、网络沟通等方式，都不如面对面交流更为真切，更能激发创意。

在很多企业，对于外包服务是由人力资源部门负责，还是采购部门负责，存在疑惑。我在给上海一家高端装备公司做"供应链管理提升"咨询服务的时候，就遇到了这个问题。该公司有大量的外包服务，不仅有生产的外协件，还有行政、人事、采购、财务、市场等一些职能的外包工作，这些通过人的体力或脑力提供服务的工作，究竟是由 HR 来负责，还是采购部来负责，现在看来，确实是一个值得探讨的话题。

4.2.4 搜索力，让一个人变成一支队伍

人不可能拥有全部知识，也不可能干所有事情，完成任何一项工作都需要外力的帮助。供应链人要学会借助外力，借助互联网，把一个人变成一支队伍。特种兵，除了本领超群，最重要的是其背后的支持资源。

要想找到这些资源，就需要搜索力。一定要相信，你遇到的问题，有 99% 的人已经遇到过、解决过了，一定有一个答案等在那里，高手在民间。

在数字化时代，搜索力已经成为一个人的底层能力。人拥有什么知识已经不重要了，要学会搜索知识、搜索资源，有人把搜索的能力叫作搜商。

1. 利用网络搜索

毫无疑问，网络搜索是你需要具备的第一大能力。现在网络搜索功能非常强大，只要输入关键字就会搜索到许多你想要的信息，并且你所使用的这个网站还可以根据算法在你不搜索的时候主动推送给你相关的信息。

比如你想了解我，只要在任何一个网站，无论是百度、抖音，还是今日头条、小红书、知乎等，总之任何地方，你只要输入"宫迅伟"三个字就可以查到相关的信息，包括我讲的课程、音频视频、我的履历等，几乎你想了解的信息都可以了解到。

有人可能会担心,搜索到的信息可靠吗?我有一个观点,当网络高度发达的时候,我们的点点滴滴都被网络记载,人人都在网络上,我们是无法撒谎的,因为此时我们的信息已经变成了分布式账本,区块链的功能自然形成了,你是没有办法撒谎的。

比方说,如果我说的是假话,那么我从前的领导、同事,我的爱人、孩子,包括我的妈妈,他们都在网络上,他们就会发现我纯属一个大骗子,所以,我在网络上的任何信息,最后都必须是真实的。

我们看到过很多名人网络"翻车",他们过度宣传,害了自己。如某著名网红教授,被深圳H公司的一封公开信拉下神坛。有的人文凭作假,有的人履历造假,不管什么假,只要是假的,终究长不了,除非他用的是假名字,或者一开始就作假。在未来,有大量的人脸识别应用,你会在网上留下大量的图片,长期作假、一直作假是很难的,互联网是有记忆的。我认为,群众就是大数据,互联网就是区块链。

想了解供应商的资质也是一样的,你可以通过搜索这家公司的股权结构,很轻易地了解到它的关联公司。只要你搜索过某个企业,系统会自动为你推送这家企业的一些动态和风险提醒。未来的网络一定会上传更多的内容,内容越多越不容易造假,因为无法相互印证。

2. 利用关键人及朋友圈搜索

这个关键人可能是某个领域的专家,他对这个领域非常熟悉,他可以介绍这个领域的专门知识,可以介绍这个领域里相关的人,可以推荐相关的书籍和其他阅读资料。

有人说,在数字化时代要想快速了解一个行业,就去找这个行业最牛的三个人聊天,了解最牛的三家公司,阅读最牛的三本书。

作为一名采购员,如果在采购一个新产品时遇到一个新技术,要想快速了解这个产品的供应市场、了解这项技术,就可以找这个领域的专业人员,由他介绍这个行业的情况,介绍相关的产品技术知识。

作为职场人,要善于积累自己的人脉,认识各个领域的人,这样在你需要的时候就能迅速找到这些人，即使他们不是行家，他们也会帮你介绍行家。

我构建了一个组织能力测评模型（OA 模型），设了 9 个维度，其中特意加了"资源"这个维度，引导采购与供应链的人，遇见问题，要善于借助外部资源。这个资源就包括人脉资源。很多采购与供应链的人，不善于积累人脉资源，在关键的时刻无人可求，解决问题的能力自然就严重受限了。

英国学者马丁说，企业与企业之间的竞争就是供应链和供应链之间的竞争。我特别想加一句，就是人和人之间的竞争，就是朋友圈和朋友圈之间的竞争。互联互通，也包括人脉的互联互通。

3. 利用别人的头脑搜索

一个人的知识能力是有限的，看问题的角度是有局限的，要想全面立体、透彻地了解一件事情，可以采取头脑风暴的方式，借助他人智慧，丰富方案的完整度。

可以在企业内部组织小组会议或利用自己的人脉探讨某个话题，可以把问题抛到网上，由网络上的人群策群力。遇到问题，要想到"万能的朋友圈"。

我看到很多人在某个专业领域做得很好，后来担任了领导，转到另一个完全不相关的领域，他干得也很好。我对这样的事情，做过揣摩，我觉得这些卓越领导者最重要的能力就是利用别人智慧的能力。

有能力的人一定要学会头脑风暴，做好头脑风暴的关键是，要提出精准的问题。通过精准的问题能找到精准的答案，这就是问题与答案之间的精准对接。

要有空杯心态，在做决定之前，不要对任何建议抱有成见，要鼓励人们说出心中的想法，哪怕这个想法在你听来是天马行空的，是无法落地的。头脑风暴最大的作用，就是能让人知无不言，言无不尽，穷尽大家的智慧，在各种想法激荡之下产生新的智慧，对方案从不同的角度进行评判，使其尽善尽美。没准哪个不经意的建议就会触发另一个人的灵感，这就是头脑风暴的价值。当然，作为组织头脑风暴的人，你要善于在大家碎片化的建议中搜索捕捉到有用的信息，然后进行结构化的梳理，找到解决问题的答案。

在互联网时代，搜索力更加重要，也更易实现。让互联网为我们采购与供应链人赋能吧，不要辜负了这个时代。

4.3 选育用留，有哪些新招式

人力资源管理不只是人力资源部门的事儿，业务主管也要参与其中，这点作为管理者必须清楚。需要什么人、需要多少人业务主管最清楚，如何管人、如何用人更是业务主管的分内工作。人力资源部门是业务伙伴，从专业角度、政策角度为业务领导提供支持。业务部门主管必须懂得人才的"选育用留"。

4.3.1 选人：与任务精准对接

选择大于培养，人力资源管理首要的职责就是选对人。我受邀参加过一个人力资源论坛，让我谈谈如何面试采购人。会上，人力资源专家们一致的观点是，合格的人才可以培养，卓越的人才一定靠选择。这次论坛，也让我彻悟，选人就像选供应商，也需要寻源，也需要精准对接。

找供应商需要"5R"，即正确的时间、地点、数量、质量、价格，有道是"男怕入错行，女怕嫁错郎"，做采购最怕选错供应商。找人也一样，首先需要明确需要什么样的人，画好像，然后得广开渠道，才能找到最合适的人。找对人比改变人更重要，专业人干专业事，合适的人做合适的事。

找供应商，我在《供应商全生命周期管理》这本书中介绍了18+1个渠道。找人才，我这里介绍三种办法。

1. 海选，高手在民间

要坚信，太阳底下无新事儿。**我们遇到的问题，一定有人遇到过。**在我们这里是新任务，没人干过，但江湖上一定有人干过，干过不止一次。我们所遇到的问题，应该说99%以上都有人遇到过。

这些事情，不仅有人干过，干过的还不止一个人。在一家公司里，某件事情可能一年碰不到几次，甚至几年都碰不到一次，再聪明的人也无法积累足够的经验。在江湖上，有一些专才，他们专门处理这类事情，不仅给这家公司干过，还给那家公司干过，他们是真正的专家。经常听到的"刘一刀""王一针"就是这种人。

我曾经看过一个视频，讲的是北京某著名医院的心脏科医生。他说在他们医院每一年心脏手术要有3万多例，而在上海有1万多例，在其他城市，或者一些小的医院，可能没有几例。他们医院的医生一天要做5～6个心脏手术，而在小医院可能有的医生一辈子也没做过几个。你说他们谁的水平高？

我的一位合作伙伴汪亮老师，专门研究灵活雇用模式。他给我讲过这样一件事，某工程师专门设计楼梯，宾馆的、住宅的、大会堂的、别墅的，各种各样的楼梯，绝对是楼梯专家。许多公司遇到楼梯问题，都去找他，他都能搞定。

这个医生讲的是事实，楼梯专家也确实是专家。我们知道这家医院在中国非常有名，所以我们还是容易找到他的，但这种楼梯专家往往就难以找到了。在公司里，当我们遇到某件事情时，可能不知道谁是那个最有经验的"一刀"，谁是那个"专家"，我们可以借助网络，相信高手在民间。

在智能时代，可以随时随地找人干。全世界有70多亿人口，他们都是可以被选用的人才。由于时差，无论白天黑夜，由于通信技术，无论身处何处，只要你发出需求，一定有人响应，一定有人可以帮你。前提是，只要你的任务足够明确，给出的报酬足够丰厚。只要找对正确的寻人渠道，一定有人能够帮你。

2. 内部开放人才市场

在企业内部，也有大量的人才库存。全职员工里有各种各样的人才，由于工作分工和企业业务发展原因，员工会出现忙闲不均现象。有的时候很忙，忙到工作完不成；有的时候很闲，闲到没有事情可做；有的工作很难，难到没有能力完成；有的工作很容易，容易到轻而易举、大材小用。

这种情况就是没有做到人尽其才，有大量的剩余产能，可能是剩余时间，也可能是剩余才华。开放内部的人才市场，将会充分利用这些剩余产能，消除人力资源的浪费，这也是一种工作任务与人力资源的精准对接。

> **案例**
>
> ### 利用内部平台，让人才各尽所长
>
> 美国IBM公司有一个内部人才平台，该平台的特征是在软件开发项目中实现任务活动的游戏化，充分结合IBM员工的个人技能和他们的时间安排、兴趣方向，鼓励他们独自承接从软件开发项目中分解出来的任务模块。
>
> 该平台的工作模式是，项目经理首先把软件开发项目分解成多个短期（通常是0.5～7天）任务，然后将其投放到人才平台上。项目经理会在平台上发帖说明工作要求，感兴趣的工作者可以报名。选择方式分为作品海选式和人才竞争式。前者要求所有参与者提交工作成果，表现最佳者胜；后者要求参与者说明任务完成方式，项目经理从中选择一人完成工作。此外，开放平台中的工作任务，还可以按人力资源来源划分，一些任务仅对内部员工开放，另一些任务针对平台上经过认证的自由工作者开放。为促进项目开发的连续性，项目经理有时还要向合作过的工作者进行任务推销，通知他们后续的开发计划。值得注意的是，在这里，所有参与者都是自愿的而不是指定的。
>
> 在IBM，每位员工基本上都可以在本职工作之余，抽出时间为别的部门干点小活，这些任务可能来自遥远的海外客户。

在开放的人才市场上，工作任务所需的时间一般都很短，这一设计的

目的就是方便员工精确预测自己的自由时间，以便决定是否能够参与开发活动。与传统不同的是，项目只有在取得成功之后才核定成本。这就意味着，项目开发成本与任务结果挂钩，把固定成本变成了变动成本，相比传统开发方式，可实现50%的成本节约。

开放的人才市场，不需要了解谁有时间和能力完成任务，只要把工作任务推向开放的人才市场，所需要的人才就会自动被吸引过来。

3. 外部人力资源平台

很多咨询公司通过"合伙人"模式，成为"自由工作者之家"，是自由工作者找工作的平台。这些自由工作者不隶属于专门的某家公司，或许按照当下的管理方式，他们的工作关系挂靠在某家公司，由该公司代交社会保险，但是现在国家已改善对灵活雇用的管理，个人一样可以交纳社会保险。他们可以通过各个平台，根据自己的时间和能力灵活接受工作任务。这些自由职业者，大部分都拥有一定的专长，就像前面说的那位楼梯专家一样，帮助不同的公司处理过不同场景的同类型的工作任务，具有丰富的经验。

优秀的人力资源平台，并不是简单的"人才超市"，它还能够帮助组织进行工作任务的再分解，通过管理工具在项目节点持续了解工作进展，对工作结果进行跟踪。比方说，可以通过软件自动对自由工作者的工作电脑进行截屏，观察其工作进度和工作状况。

4. AI 面试帮助筛选

2022 年 7 月，由人力资源管理 SaaS 平台北森研发的"AI 闪面技术"，获得国家发明专利。

用"AI 闪面技术"开发的 AI 视频面试工具对候选人进行初步面试，淘汰掉明显不合格的人。据说，这款 AI 工具通过对大量面试对话的深度学习来建立算法模型，从胜任力、基本特质、语言技能、工作偏好这四个维度，对面试者进行量化打分，给出是否进入下一轮面试的建议。HR 可以把海量的、烦琐的、重复性的初级筛选工作交给 AI，把自己的时间腾出来做更重要的事，比如寻找、识别企业的核心人才。

4.3.2 育人：不一样的轮岗

人才是企业的根本所在，人力资源的高度决定着企业的高度。企业在不同的发展阶段，需要不同的能力，企业必须培育员工达到企业发展需要的能力水平，以及对企业使命、愿景、价值观的认同。

从前，企业培养人的方法有上课、轮岗、师傅带徒弟等，我将其统称为"轮岗"。"轮岗"就是学习别的岗位的知识，包括师傅的、别的岗位的、有经验的老师的，把别人在岗位上获取的经验学习过来。在智能时代，出现了一些新方法，我称之为"不一样的轮岗"。

1. 与合作伙伴交换员工

派员工到其他企业锻炼和帮扶，已经渐成趋势。在智能时代，企业之间的关系更加紧密，供应链管理需要解决的问题之一就是组织之间的高效协同。只有组织间高效协同，在合作伙伴之间打通信息系统，才能实现供需之间的精准对接。因此，员工之间更为熟悉，配合才能更加默契。于是，现在出现了新的培育员工的方法，那就是与合作伙伴交换员工。把员工派到对方的企业里工作一段时间，熟悉对方的工作场景，提升自己的工作能力。就像在企业内部一样，通过轮岗熟悉不同岗位的工作，以便在未来的工作中，可以更好地理解其他环节的工作，在处理工作任务时更有大局观，更具有供应链端到端的思维，更愿意协同工作，而不是受限于本位主义，只是从自己的岗位出发，形成部门墙、烟囱效应，变成信息孤岛。

一些快速成长的企业，供应商跟不上其发展步伐，这个时候，就需要对供应商进行帮扶，通过帮扶提升供应商的能力，使其跟上企业成长的脚步。为了解决供应商能力对齐问题，很多企业将自己着力培养的后备干部派到供应商那里去帮扶，这也是对这些干部的锻炼培养。因为他们是被着力培养的后备干部，因此在供应商那里，会更加努力工作，传播自己企业的文化，树立自己企业的形象，展示自己的管理水平。这种做法，既帮助了供应商，又锻炼了这批干部。

2. 聘请咨询公司顾问

很多时候，企业自己没有能力培养人才，当然可以将需要培养的人送到商学院进修，但是商学院的课程往往是通用型的课程，不契合自己企业实际，不能帮助解决实际问题，也很难直接提升管理者的能力。因此，很多企业会聘请外部的专家担任长期咨询顾问，请他们当管理者的私人教练，陪伴自己企业的管理者成长。

长江商学院教授曾鸣到阿里巴巴任职就是一个很好的案例。我也认识一些咨询师朋友，他们到企业里担任某高级管理者的私人顾问，或者某部门的顾问，参加他们的会议，每月去几天，或者随时线上交流。

由于这些外部专家长期担任咨询顾问，他们既了解这家企业，又有丰富的实战经验和咨询培训经验，提出的建议非常有价值，因而可以更好地服务企业，帮助企业培育管理者。

3. 培训，能力成长最快的方式

简单地说，培训就是复制粘贴，将成功的经验复制下来，粘贴在受训者的身上。毫无疑问，培训是最为快速的培育人的方法。著名企业管理学教授贝尼斯曾说，员工培训是企业风险最小、收益最大的战略性投资。

职场如战场，不进则退，人才素质代表着企业发展的核心竞争力。员工不仅仅是"消费品"，更是"投资品"，是企业的合伙人。投资员工，就是投资企业的未来；投资自己，就是要让自己越来越值钱。

在数字化时代，学习渠道多种多样，催生出人才进阶的新模式。与传统的线下培训模式形成互补，线上培训越来越受欢迎，培训形式也更丰富。E-learning 电子学习平台现在已经成为企业必备，职场人必需。通过学习平台，知识游戏化进阶，避免了枯燥乏味，激发了学习者的学习兴趣。

通过网络，可以参加大师公开课，用最低的成本，学到最权威的内容。传统的师傅带徒弟，受限于师傅的业务水平和培训能力；现在可以在线上，听任何领域的大师讲课。中采云学堂开设很多网络课程，如免费直播的"对话 CPO""供应·链大咖"等，邀请著名企业的首席采购官和垂直细分领域著名的专家介绍最前沿的方法，还有线上的系列课程"专业采购力提升训练营"和"供应链创新人才千人培养计划"，付一次费可以收看全部几十门课程，成本低，随时随地都可以看。

传统的线下培训，有的老师的课程设计没有尊重成人的学习规律，学员昏昏欲睡；有的老师可以让学员亢奋，但缺少实质内容，学习效果很差。现在的线上学习平台，通过精心设计，不仅可以反复看，利用碎片化时间随时随地学，还能够不断进阶，类似游戏闯关，有学习、有考试、有过关，更能激发学习者的学习兴趣；不仅可以提供"学"，还可以提供"习"，真是学而时习之，不亦乐乎。

线上学习平台还可以通过虚拟现实技术，让学习者进行沉浸式演练，降低实际操练成本。通过大数据算法，记录不同人的学习习惯，进行有针对性的个性化的内容推送。平台采用奖励机制，学习时间累计积分，这让员工学习变被动为主动，激发了学习的积极性。

关于学习渠道，有一个著名的721法则，即员工能力的提升，70%来自"工作中学习"，20%来自"向他人学习"，10%来自"正式的培训"。我们可以用721法则，投资员工和自己。数字化赋能企业培训，培训模式更丰富。

70%在工作中学习。当下需要萃取知识，需要有经验的专家担任萃取师带领大家复盘、萃取工作经验。未来通过大数据及人工智能，机器也可以自我学习，甚至人与机器可以互相学习。吃一堑绝对可以长一智。

20%向他人学习。网络化时代，萃取的不是一个人的经验，机器学习学的也不是一个人，而是更多的人，甚至是无数的人。通过不断学习校正，再学习再校正，知识沉淀越来越多。借用他山之石，可以攻玉。

10%正式培训。培训方法变得多样，可以线上，可以线下，可以线上与线下相结合，还可以通过虚拟现实，进行实操演练，实现沉浸式学习，真正站在巨人的肩膀上。

4.3.3 用人：灵活雇用渐成主流

管理者的任务，就是组织人力资源实现企业目标。智能时代需要敏捷组织，企业规模不是变大而是变小，这就要求企业削减全职员工数量，以保持对外部市场变化的高度灵活性、适应性。用人关键在于用其所长，用其天性。

在2035智能时代，组织呈现出更大的平台性和开放性。传统的全职雇用模式将逐步消失，灵活用工的模式迅速崛起。企业的大量工作不再依赖于全职员工来完成。成功的管理者，将优化各种人力资源获取渠道，跨越企业边界，利用云端化的全新工作模式，让素未谋面的外部人才帮助企业完成工作。管理能力高超的领导者，甚至可以全部依靠外部力量，完成大量的工作。

这些外部咨询顾问、自由职业者，更像特种兵，拥有超一流的专长及使命必达的坚强意志，专门解决各种临时突发的特殊问题。

1. 借用咨询顾问

企业与外部人才，不是传统的长期雇用关系，而是短期的灵活雇用关系。或者，不叫雇用关系，而是临时的合同关系。

到一家公司去访问，如果你留心观察，很有可能发现接待你的"资深"员工不是它的全职员工，可能是公司返聘回来的已经退休的工程师，也可能是从咨询公司聘请过来的长期顾问。他们当中，有的人可能仅是一个不担任实际职务的普通顾问，有的人可能担任一定职务，甚至有副总经理的头衔，但他们不是全职员工，与公司不是长期的雇用关系，而是临时的合同关系。

曾鸣，阿里巴巴前参谋长，曾是中欧商学院的教授，被阿里巴巴聘请担任战略发展顾问。阿里巴巴快速发展，需要商学院老师作为外部旁观者、观察者提供建设性的意见；曾鸣，作为商学院的教授，他也需要企业实践的案例。

我本人也被一些公司聘请为长期咨询顾问。例如，上海交通大学知识产权管理有限公司投资相当多的专精特新企业，作为创新创业型企业，其供应链相比已经成熟的大规模生产的公司，有许多特殊的困难。由于公司是新成立的，需要频繁试制产品，长时间不能正式生产，也形成不了批量，供应商合作没有积极性，或者由于是创新的产品，干脆就没有现成的供应商。它非常需要资深的供应链专业人士来解决这些问题，但是它付不起高薪水，高水平的专家也不愿意专职进入一家初创公司。这个时候，聘请外部的资深专家作为长期顾问就是一个非常好的选择，专家也愿意以顾问方式服务这样的公司。回报方式可以灵活多样，可以付基本的咨询费，加上浮动收益，甚至一定的股权收益。这些外部顾问像风投一样，不仅仅服务一家公司。

我认识很多这样的人，做企业家的私人顾问、到企业里短期任职，帮助企业数字化转型、管理升级，辅助某位高级管理者，完成任务之后即退出。企业花较低的成本聘请了高水平的人。相对来说，长期顾问更懂公司业务，建议更精准，他们服务多家公司，创造了更大的价值，也获取了更多回报。

2. 用好自由职业者

自由职业者不隶属于某一家公司，不需要朝九晚五，不需要整天看上司脸色行事，时间自由、精神自由，还可以根据自己的喜好来选择工作，通过自己的付出，即时获取回报。大部分自由职业者收入不菲，既可以利用空闲时间充电提升自己，还可以陪伴家人，甚至给自己放个小长假，去享受诗和远方。这样的生活，人们很是向往。

自由职业者与前面提到的咨询顾问不同，更有临时性和灵活性。

根据职业咨询机构 MBO Partners 发布的数据，2017 年美国自由职业者有 4100 万人，他们横跨不同人种、年龄、性别、技能及收入水平，已占美国私有劳动力市场的 31%。

所谓零工经济可以不同形态呈现：自由职业者、合同工、临时工，从优步司机、跑腿的，到提供诸如医疗、IT、财务、供应链咨询等高级专业服务。目前美国已有40%的职场人士正在或曾经从事自由职业。

零工经济市场呈现两极分化：一端是高精尖人才因为其特殊才能而选择比全职工作报酬更高的独立服务；另一端是我们熟知的优步司机、TaskRabbit（跑腿兔平台）上接任务的，这类劳动者以单件接单形式谋取生计。

如果企业要开创一个新业务，作为管理者，你需要问问自己，内部员工是不是该领域的顶级人才？即便是，把这些员工调离目前的岗位去支持新的业务，企业能否承担由此带来的损失？追随技术创新，必须进行大量学习，企业只依靠内部员工能否保证拥有快速学习能力？

面对这些问题，企业必须全面开放，利用合作伙伴和外部人力资源弥补企业短板。与来自各个行业的知名企业建立互联和合作，大量使用外部人力资源，是明智的选择。麦德龙曾经使用这一方法，与75家企业建立伙伴关系，使得它的"打造未来商店计划"大获成功。

在工业时代，大多数工人本质上是机器的延伸，企业的管理者说是雇用人才，其实就是雇用工人的双手，必须尽可能地保持员工操作的一致性和标准化。可以买到同样的机器零件，但是买不到像机器一样的双手，于是长期雇用关系就是最好的选择。只有长期的雇用关系，才能打造员工操作的一致性和标准化。

无论是VUCA时代，还是BANI时代，外部经营环境发生剧烈变化，企业不再愿意雇用更多数量的员工，长期雇用员工也会禁锢员工的思想和技能，满足不了企业发展的需要。内部员工成本高昂，自由工作者只在需要的时候支付报酬。

随着数字化的发展，组织边界被打破，远程办公越来越容易，越来越多的员工经常在家办公，加速了全职工作和自由工作之间的融合。很多企业发现，在家办公可以给企业和员工带来很多好处，如节省办公室租金，激发员工热情，吸引异地人才，提高工作灵活性，降低通勤成本等，自由工作已成为当今职场的主流，非常富有吸引力。法律也给予自由职业者足够的宽容，可以注册个人工作室。自由工作者依靠这种方式发展个人职业，大企业则依靠他们完成工作。

如今，随便走进一家咖啡馆，你都会发现自由工作者的身影，他们经常带着笔记本在那里工作。

3. 全职 + 自由职业者

当然，企业中不可能全是自由职业者，总是需要几位全职员工管理着工作任务，连接着自由职业者，或者说服务着自由职业者。

未来的企业必将是全职员工和自由工作者的组合体，至于说多少比例合适，现在还没有清晰的定义，有的多些，有的少些，这与企业的性质、管理者的能力、工作任务的可分解性都紧密相关。在这里我给出一个直觉的判断：或许未来企业中至少有一半是自由职业者。当然这没有标准答案，我相信也不会有标准答案。

很多企业的全职员工也渴望有自己做主的自由工作方式。职业安全感的消失，使全职工作和自由工作者之间的界限日益模糊，使许多工作都变成了临时项目。全职员工也正变得越来越像自由工作者。

你是否经历过这样的场景，在召开电话会议的时候，突然传来了狗叫声和孩子的哭闹声，这可能就是全职员工或自由工作者在家里工作的场景。

4.3.4　留人：激发内驱力

留人，不是简单地把人留住，而是把心留住，把今天需要或未来需要的人的心留住。需要的人，才是人才。

我们总是在心里默认，员工都是长期关系，供应商都是短期关系。其实，无论是供应商，还是员工，流动都是正常的。不能满足企业需求，会被淘汰；超出企业要求，对方会主动离开。只有那些当下彼此需要，对未来拥有共同追求者，才会关系持久。

不能要求相伴终生，也不期待彼此拥有，而要在相守的日子里，为彼此创造价值，带去快乐。

怎样把需要的人才留下来呢？人们总结了三种方法，即感情留人，事业留人，待遇留人。这在工业时代有用，在智能时代也一样有用，只是激励对象不同、评估手段不同。

1. 感情留人

感情留人，就是要让大家在这里工作开心。长辈们的"关爱"，让职场上的"90后""00后"感觉到的是一种束缚，甚至是一种压力，所以他们渴望工作环境能够轻松、快乐、自由。按照马斯洛需求层次理论，他们追求的是归属感、被尊重和自我实现。作为企业的管理者，要塑造尊重、平等、开放、包容的企业文化，要营造被信任、有归属感的氛围。

我参访过阿里巴巴、百度等互联网公司，充分体会到了这一点。其实不仅在互联网公司，有些传统的制造公司也在做着改变，以满足年轻人的需求。想锻炼身体，有健身器材；渴了累了，有人性化的设施，包括可小憩的软榻和可口的饮料。枯燥的工作，也慢慢变得娱乐化，学习变成闯关的游戏，工作变成团队比赛。

编程大师网通过开展网站设计公开赛寻找破解技术难题的高手。这是一项年度性全球锦标赛，来自世界各地的100位最佳程序员在比赛中一决高低。高手对决，快速破解技术难题，表现出的激情不亚于电子游戏迷闯关高手对战。尽管他们不曾在一起办公，也没有统一的公司标识，但他们拥有一个具有共同文化的集体，以参加公开赛为荣。

一年一度的"中国好采购"大赛，已经成功举办八届。一般的论坛只是同行交流，请知名企业高管或赞助商做演讲，但中采商学采用案例大赛的形式，增加了交流的趣味性，吸引了全国各地各行各业的参赛者。他们通过案例打磨，萃取了工作经验；通过登台演讲，展示了企业的风采；通过案例大赛，结识了同行。无论对于个人，还是企业，这都是一次难得的学习交流和展示机会，有趣，有料，更有效，激发了采购人的职业自豪感。

2. 事业留人

事业留人，就是让人在这里有用武之地，有成长空间。"90后""00

后",相对长辈来说,他们受到了更好的教育,对于感兴趣的工作,他们更乐于接受挑战。企业要能给予他们更多的机会、更多的信任和包容。我相信,信任会产生强大的力量。

主动认领任务是一种非常不错的方式。员工根据自己的兴趣爱好、时间安排,主动认领工作任务。因为是自己认领的,会增加责任感,自己认领了,一定认为自己适合干这项工作。这是在人与任务之间做的双向选择,实现了人尽其才,既解决了能力问题,又解决了意愿问题,做到任务与能力和意愿精准对接。

在中采商学公司,开展各项工作都推行认领任务模式,效果非常好。他们当中有全职员工、宫采道弟子、志愿者等,大家在中采商学平台上结识了朋友,拓展了人脉,扩大了视野,展示了自己。一场场成功的论坛、一次次成功的大课、一本本大卖的图书,给了大家巨大的成就感。

给予员工更多工作机会、更具挑战性的工作,也是一种"事业留人"的重要手段,俗称"压担子"。

> **案例**
>
> ### 用新的挑战来挽留采购高管
>
> Nick 原来是某 500 强公司采购部采购总监,综合能力非常强,公司高层领导对他非常认可。但 Nick 觉得在采购岗位上工作已经十年了,当下的工作没有太大的挑战性,决定去外面闯一闯,于是提出辞职。
>
> 公司高层经过集体商议,认为像 Nick 这种高潜力员工,如果仅提高薪资和奖金,估计也很难留下来,于是向 Nick 提供了另外的方案,让 Nick 进行轮岗,承担供应链其他职能的挑战性工作,Nick 欣然接受了。
>
> 短短三年内,Nick 经历了生产、物流部门的历练后,培养了供应链的全局观,成为公司供应链副总裁的接班人。

3. 待遇留人

待遇留人，就是让员工的付出能够获得他想要的回报。在2035智能时代，除了传统的激励考核制度，企业需要考虑多种回报方式，要更具有创造性、即时性和个性化。

传统的激励制度，大都由企业主导设计，具有一定的长期性、普适性，属于"一刀切"的固化模式，员工处于被动地位。在超级职场，管理者需要反思人力资源管理系统的基本框架。

当然，本书不去探讨人力资源管理系统的基本框架，那是人力资源部门的事，但是，作为业务主管，我们必须知道，激励员工是业务经理的事。我们需要思考如何在超级职场激励员工。这里说的员工，不仅指全职员工，也包括灵活雇用的人员，他们同样需要激励，就像供应商一样，绝对不是简单的"一手交钱一手交货"的买卖关系。

激励要具有创造性，不一定就靠钱。激励要提供员工真正想要的东西。有的人喜欢趣味性，有的人喜欢稳定性，有的人重视职位和成就感，有的人在意知名度和社会价值，有的人看重丰厚的薪水，有的人在意学习机会，有的人在意工作地点……不同的人，有不同的"求"。

激励要有即时性，即时激励更能激发人的积极性。在数字化时代，通过绩效仪表盘，工作成果更透明，回报可以更即时。传统的薪酬回报和激励制度都是基于全职员工，长期为企业服务的。灵活雇用自由工作者，基于短期工作关系，工作成果一旦被认可通过，就要给予回报。像培训公司、咨询公司、演员、作家、小时工，包括很多临时短期的外包外协，都是这样的。

类似于企业的绩效评估机制，编程大师网将每一项工作都分解成不同的模块，程序员的产出和完成质量一目了然，工作表现可以在这里得到精确的衡量。

对于程序员的作品，不但要按功能进行评估，甚至还要检查代码编写得是否简洁。经过评估，程序员会被打上红黄蓝不同标记，红色标记的工作者，可以优先得到企业发布的工作任务，黄色和蓝色标记的工作者，能力低些，但也拥有不错的水平。使用这套系统，可以帮助自由工作者更有效地得到与能力水平相当的工作。从这个角度上说，它做了人才和任务的精准对接。

和计件工资制类似，编程大师网是根据项目，而不是工作时间付费的。这种付费模式简单明了，且易于管理。前提是工作任务能够分解成大小合适的模块。自由工作者的回报变成了"一手交货一手交钱"的简单模式。

激励要具有创新性，灵活多样的激励给人新鲜感。在云计算平台上，自由工作者更在意知名度和信誉。自由工作者与客户的工作关系，具有短期性特征，双方都知道每一个项目和任务都彼此不同，大家不会拿这个项目的回报和那个项目的回报做对比，不会期待一碗水端平，不用顾虑大锅饭的薪酬机制，回报可根据项目和工作任务的快速变化而灵活调整。

在超级职场，全职员工越来越像自由工作者，渴望企业为自己提供高度个性化的待遇。我的一个学员，在深圳一家公司工作了15年，从车间工人做起，现在是这家拥有3000多名员工的民营企业的副总裁。老板很器重他，为能留住他，就允许他在担任副总裁的同时，在外面开一家自己的公司。

第5章

供应链技术

从"数据报表"到"智能决策"

---- **导 语** ----

决策基于信息,信息来自报表,报表太多,让人眼花缭乱,只能主观判断。智能设备不仅解放人的体力,更能通过数据实现智能决策,解放人的脑力。

"工欲善其事,必先利其器。"技术是第一生产力,数据是生产要素,要想用数字化工具解决供应链问题,我们就必须与时俱进,甚至先人一步。数字化将重塑管理模式,增强供应链韧性。愿意吃螃蟹的人,成功路上并不拥挤。

如何做到组织之间高效协同，供需之间精准对接，是供应链管理要解决的两个基本问题。智能时代的特点是网络协同和数据智能。用数字化手段达成网络协同，实现数据智能，进而去解决供应链管理这两个基本问题，是供应链管理者不得不面对的巨大挑战，同时也是巨大的机遇。

前面讲了"信息流问题解决了，供应链问题就解决了一半"，数字化技术就是解决信息流问题的工具。

本书不探讨算法、模型等具体的技术问题，而是从管理角度探讨，可以用哪些数字化技术解决哪些供应链的问题，为大家推动数字化转型提供素材和指引。

2023年初，我到成都出差，候机厅的一块大屏吸引了我。这个大屏叫"智慧航班查询系统"，显示的文字是"你迷路了吗？请看这里"。其实它就是一个人脸识别系统，你只要站在屏前，系统自动告诉你所处的位置、登机口等登机信息。这个系统不新鲜，现在网络支付、机场火车站安检等都有人脸识别系统，关键是它让我联想到路上的一个个摄像头，它们可以跟踪、记录每个人的行程轨迹、容貌变化。如果一个人丢了，或者想查一件货在哪里，这个系统是否会产生作用呢？我想，技术都能实现，关键是怎么用。

这又让我想到，2023年1月19日央视财经报道，山东潍坊的田间，无人拖拉机正在田里犁地、播种，播种的面积和数量手机上就能看到。无人农场成为现实，农民脸朝黄土背朝天的日子是否成为过去时？再看2023年北京春晚，虚拟的邓丽君携手两名歌手，一起唱了一首《我只在乎你》。这些让我联想到很多，包括第1章提到的ChatGPT。

或许，大家觉得这些跟采购与供应链关联不大，其实每项技术都可以用在我们的管理工作中。机器智能对社会的冲击是全方位的，不仅简单、重复的工作会被机器取代，很多现在看似高大上的职业也将如此。它不仅冲击人，也冲击商业模式。数字化转型的具体业务方向为触点数字化、业务在线化、运营数据化、决策智能化。具体使用的技术是大数据、云计算、物联网、移动互联网和人工智能。

前面强调，一切行业都是制造业，是因为我看到，一切行业都可以按照制造业的标准化流程运作，事实上，很多行业都在向成熟的制造业学习。这里我想说，从另外一个角度，未来的一切行业也将是服务业，传统的制造业已经开始服务化转型，要靠服务赢得客户，要靠服务赚钱。一些冰箱制造公司，开始考虑将冰箱当成商场里扩展的货架，通过摄像头收集顾客购买的习惯，通过移动互联网提示用户补充食物。这种冰箱可以上网触屏，直接从电子商务公司购买食品，甚至用户可以设定"自动下单"。这样，耐用电子产品又有了商场货柜和电商入口的功能，智能冰箱由此诞生。

几年前，我参加一个在复旦大学举办的企业家俱乐部论坛，我问一位物流公司的老板，能不能让我知道"货"在哪里。他回答我，不需要了解货在哪里，我们的司机 24 小时开机，保证按时交付，否则，你可以罚我钱。可见，这位老板面对甲方的问题，还是使用传统思维，没有意识到数字化可以让供应链全程可视。

对于从事所谓传统行业的人来说，与大数据、机器智能和数字化的距离，不是技术距离，而是心理距离。

5.1 控制塔，让全链路一览无余

决策基于信息，如果信息不全、不及时，就有可能做出错误的决策。工作中，我们获取信息的手段常常是各种报表。"做表"很辛苦，大家自嘲"表哥""表姐"，在白领中更是流行一个说法："报表做得好，升职加薪少不了！"

报表太多，数字密密麻麻，令人眼花缭乱。信息过载，很多决策只能是跟着感觉走。不同报表，信息不一致，更让人"心里没底"。

如果能有一个工具，让我们对供应链整体情况一目了然，对管理细节一清二楚，对供应链各环节一览无余，该多好啊。于是，供应链控制塔应运而生。

它借助物联网、大数据、人工智能等技术，让管理者眼观六路、耳听八方,一切尽在掌控中。想看什么看什么,想管什么管什么,不想看、不想管,如果需要,它也会给你预警、给你提示。

5.1.1 商业智能与供应链控制塔

随着企业对数据分析的要求越来越高,报表也越来越复杂。Excel已经不能满足企业信息化的要求,所以出现了商业智能。现在有了供应链控制塔,可以从数据互通、信息可视、业务管控三个要素来对供应链进行管理。

1. 商业智能

商业智能(business intelligence,BI)是利用数据技术,挖掘数据背后的规律,总结现象背后的原因,将数据转化为知识、分析和结论,用以指导业务决策。决策既可以是操作层的,也可以是战术层和战略层的。BI包含数据分析、查询和报表等功能,可以实现统计分析、趋势分析、预警分析等。

这些数据,包括系统里的产销存数据,也包括来自客户和供应商的数据,还包括来自行业和竞争对手的数据,以及其他外部环境中的数据。BI能够辅助经营决策,是对数据进行价值提取的过程。

BI与普通报表软件有什么区别?报表是数据展示工具,BI是数据分析工具。报表工具用于制作各类数据报表,也可以制作电子发票、流程单、收据等。而BI不单是一个工具,更是一种解决方案,它集成了数据统计、数据展现、数据挖掘、数据预警等。它形式更简单,操作更方便,通过拖拽等方式,点击维度框、指标框,就可以形成报表。

普通报表,数据展现是静态的。BI是实时的、立体的和多维的。它连接多维数据库,可以提供任意维度、任意路径的实时数据,进行实时分析,你想要看什么,就有什么。它让决策者不仅知道发生了什么,还知道为什么发生,以及通过已知去推断未来可能会发生什么。

任何一个行业都需要精耕细作,BI能够让企业每一次决定、每一个管理细节、每一层战略规划都有数据支撑。

2. 供应链控制塔

供应链控制塔（supply chain control tower，SCCT）是 BI 在供应链领域的应用，是驾驶舱。一个典型的供应链控制塔，具备和机场塔台类似的作用——全局视野、实时在线、互联互通、风险预警，以及全面控制。它能够与供应链各个模块实现互联互通，是对供应链运营进行实时在线监控和风险预警的控制中枢。

> **案例**
>
> **浪潮信息建立数字化供应链平台**
>
> 浪潮信息建立了客户需求驱动的数字化供应链平台，包含全球供应链控制塔、客户全景生态平台、供应商生态协同平台、数字化工厂。其中，供应链控制塔实现了全球 10 个制造中心的计划统筹、产能统一调度、52 周滚动预测。
>
> 2021 年浪潮信息成立六大供应保障组，通过供应商生态协同平台，在全球范围内进行元器件供应链调整，完成了 1500 余种核心部件的替代验证，消除了十多万台整机交付风险。
>
> 资料来源：夏宾. 全球疫情冲击下，如何提高供应链韧性？[EB/OL].（2022-09-23）[2023-02-14]. https://www.chinanews.com/cj/20220923/9859141.shtml.

业界对供应链控制塔的定义不完全相同，大家都在探索中。

埃森哲的定义：供应链控制塔是一个共享服务中心，负责监控和指导整个端到端供应链的活动，使之成为协同的、一致的、敏捷的和需求驱动的供应链。

Gartner 的定义：一个物理或虚拟仪表板，提供准确的、及时的、完整的物流事件和数据，从组织和服务的内部和跨组织运作供应链，以协调所有相关活动。

IBM 的定义：整个供应链中数据、关键业务指标和事件的连接，个性化的仪表盘。

表述不同，大体意思一致。一个标准的控制塔，可以提供整个供应链端到端运作的可视性，特别是不可预见的外部事件，帮助管理者更好地预测中断、提高弹性、管理异常。供应链控制塔最根本的价值在于，它能够连接不同的系统，如WMS、TMS、ERP等，可以成为一个硬件+软件的智能平台，连接供应链内外的各种数据源，并将其整合在一个版本上进行数据显示。它不是挂在墙上的简单数据大屏，全链透明、全盘优化与全景视界是其核心功能。

供应链控制塔管控整个供应链，从市场需求输入到企业产品输出，再到市场需求反馈，形成闭环。它有完整的数据链，包括物流、信息流、资金流。它能捕捉和使用供应链数据，提供与战略目标相一致的短期和长期决策。智能化的控制塔还能对可能出现的问题进行预处理，与客户互动，根据客户需求调控到货速度。

> **案例**
>
> **DHL 物流控制塔**
>
> DHL 是一家全球领先的物流公司，于 2011 年在新加坡成立。其首个全天候"全球海洋备件物流控制塔"，依托新加坡港世界第二繁忙港口的地理优势，致力于服务 2000 多名船舶业主和管理人，以及 3.4 万多个海上船只、钻井平台、浮式平台等，满足快速增长的海洋货运需求。
>
> 新控制塔预计将纳入 DHL 遍及 220 多个国家和地区的物联网，届时海洋备件物流业务规模可达 10 亿美元，每年出货 300 多万次件。

5.1.2 如何搭建供应链控制塔

目前供应链控制塔的概念仍在普及中，已经有许多专业机构将其作为供应链解决方案的一部分。相信不久的将来，会有更多企业建立供应链控制塔，用智能化手段提升供应链管理水平。

如何搭建供应链控制塔呢？

首先，建立统一的管控中心，将关键指标展现出来，从采购、生产、物流、营销、客户、财务角度，打造全供应链关键监控指标。

然后，构建下一层供应链核心业务平台，如采购控制塔，库存控制塔、物流控制塔等。采购控制塔可以提供从需求计划到供应商寻源、合同订单、入库收货，最后到发票支付的全流程采购信息。库存控制塔可以提供库存管理的实时洞察，防止缺料断料。物流控制塔可以提供发货通知、交付数据，进出货可视，并把关键数据展示出来。如果需要看更明细的数据，还可以继续构建下一层，通过继续下钻看更明细的看板。

供应链控制塔还能针对订单全生命周期进行端到端管理，可视化内外系统和流程，缩短整个交货周期。由于订单的整条链路长、节点多，往往出现各种问题，所以，速度直接影响企业竞争力。前面我提出了供应链管理321理论——三个流、两条主线、一个突破口，其中"突破口"的目的就是要"快"。

在订单管理中，我们从营销和供应两个方向来进行管控。这里再次强调一下，所谓供应链管理，就是需求管理加上供应管理，并做到供需之间的精准对接。

营销侧着重于对整体订单的预测、接收、变化等指标的管控，而供应侧则侧重于对整个订单完成过程的跟踪，包括生产过程，以及成品发货等信息，并预测当前物料和产能对订单的影响，将缺料情况、齐套率情况展示出来。点击单个订单可以查看它的执行明细以及分配明细，点击下钻可以查看该订单的备料以及采购到货情况。

通过对订单各个流程的管控，每个参与方都可以看到相同的信息，而不需要加以揣测，消除信息不对称，"在同一个时间使用同一版本的信息"，实现全流程可视化，支撑供应链各部门按统一规则行动。通过全流程指标的数据分析，可以不断优化流程，打造随时、随地、随需的全流程监控供应链运作的体系。

> **案例**
>
> **美的供应链控制塔**
>
> 美的集团通过供应链控制塔实现了从"以产定销"到"以销定产"的转变，需求预测准确性提升了35%、运营周期减少了55%、订单满足率提高了17%。
>
> 构建供应链控制塔后，以订单为线索，拉通企业经营各环节，实现全流程可视化，客户来单、排程生产、缺料信息等一目了然。将订单全链条信息通过平台共享给客户，使其能随时了解订单情况，提升满意度。生产经营更透明，问题可诊断、可预警。
>
> 资料来源：公众号"美云智数"。

在智能时代，要想真正做到需求驱动、大规模定制、快速交付，就一定要将供应链管理延伸到产业链上游，将客户需求直接传导到源头，拉通整条供应链，让上下游企业的管理标准对齐，共享同一个资源池，打通快速交付的通道。

5.1.3 "一盘货"模式

在这里，我想介绍一下"一盘货"模式。它不是供应链控制塔，但它们之间有一点是相同的，那就是把分散的信息整合在一起，做到一目了然、一清二楚、一览无余，为实现"组织之间高效协同、供需之间精准对接"创造条件。

"一盘货"模式，打通所有销售渠道，实现所有库存信息共享、统一调配，变"多盘货"为"一盘货"。它可最大限度地实现供应链协同，大幅提升库存周转效率，降低物流成本。

所谓"多盘货"，指的是同一种货品，对线上、线下、批发、零售等不同的销售渠道，设置相互独立的商品库存。而"一盘货"，就是把货品全都放在一盘棋里，打通所有销售渠道，实现库存共享、统一调配。

京东物流打造的医药"一盘货"模式，实现了线上线下之间、电商多平台之间、同一电商平台多店铺之间的全渠道"一盘货"，最终目标是"一个品牌，一套库存，一条供应链"。

按常规做法，不同渠道各自备货，调拨的时候会产生不必要的搬运成本和货损。归为一盘货之后，全渠道实现统一的SKU，不同渠道的同一批货放在一起，在库存层面做到统一管理，节约了仓储面积和搬运成本，一盘货能在线上线下同步售卖。

> **案例**
>
> ### 掘金"一盘货"，美的如何将智慧物流做成百亿元生意
>
> 《广州日报》2021年7月16日报道，据统计，经过"一盘货"统筹后，美的将全国的仓库从2200多个减少到2019年的136个，仓库数量"腰斩"95%。此外，原来550多万平方米的仓库面积，减少到160多万平方米，仓库整体面积直降七成，进一步降低了物流成本。而高效的物流管理，也提升了订单交付周期，如今。公司订单交付周期提前到了20天，仅为行业整体周期的一半，而库存周转天数也从51天降到了35天。

构建供应链控制塔，推行"一盘货"，应该从推行"一物一码""一码到底"开始。如果一物多码，必然会增加管理的复杂度，甚至带来混乱。

> **案例**
>
> ### 中国移动推行"一码到底"，供应链效率显著提升
>
> "一码到底"数字化转型方案，即赋予每件物资一个"身份证号"（SN码），利用手机应用程序连接每个供应环节的具体经办人员，在

货物交接时扫码，实现物资流转数据的采集和跟踪，贯通生产、采购、仓储、运输、安装、入网、转资、运维、报废等物资全生命周期。搭建"一码到底"物资全生命周期管理平台，向上整合供应商资源，实时掌握供应动态，了解产能、原材料储备、交易完成能力，保障物资交易、供应和质量安全；向下打通供应链末端，跟踪出库后物资状态，自动完成安装、入网、转资、运维及拆旧物资的逆向管理，推动通信行业全产业链物资供应方式变革，赋能全产业链协同发展，提高资源配置效率效益。中国移动搭建起"一码到底"平台，这一平台起到的物资全生命周期管理作用已初见成效。

目前，超过40类产品纳入管理，累计扫码1.7亿件物资，物资平均在库时长下降30%，作业效率提升35%，超设计申领问题下降16%，工程余料长期不退库问题得到有效解决，设备资产完整度提升55%，折旧物资再利用率提升45%，解决了企业经常面对的物资流转盲区、"跑冒滴漏"等供应链管理问题。

"一码到底"真正实现了物资、编码数据的集中统一管理。从源头建立"一物一码"机制，全程可跟踪、可追溯、可监控，操作更规范、流程更顺畅。通过数据源头生成、全局共享，减少了人工多头录入，保证了数据刚性一致和准确性。"一码到底"作为集成物资、资产流动的信息体系，承载着资产全生命周期信息，全面融入资产形成期、资产运营期、资产退出期三大阶段，创新实现了"物、人、财"协同管理机制的变革，助力供应链全要素生产率提高。

资料来源：中国工信产业网2023年1月3日报道。

供应链控制塔，是一个信息整合平台，需要从原材料采购延伸到最终的成品交付，有时甚至还要加上销售支持和售后服务。它将供应链各环节信息整合在一起并实时展示出来，为经营决策服务。要想做到信息实时收集，肯定不能靠人工，智能时代，我们必须借助物联网。

5.2 物联网，让每件物品可视、可控

在生活中，你打了网约车，可以看到网约车在哪里拐弯、距离还有多远，需要多长时间到达，你可以从容出门，精准对接。与朋友在约定的地点见面，可以打开微信，共享位置，再也不会在拥挤的人群中彼此擦肩而过。

可在工作中，你要的货物还没到，不得不打电话问送货司机，送货的司机说"快到了"，可是几小时也不见踪影，再问司机，司机有 N 个理由，车坏了，交通又堵了……

作为一个消费者，当你买到一个产品时，或许特别想了解它的原产地、加工过程；当你购买一棵蔬菜时，或许很担心它是否有农药残留，想"看见"它的种植过程。物联网，供应链的"眼睛"，能让你"看见"你想看见的。

5.2.1 物联网，供应链的眼睛

通过物联网，供应链管理者可以"看见"每件物品，并与这些物品互动，实现供应链全程可视可控。供应链可视化是供应链管理的需要，也是消费者日益增长的需求。供应链可视化可以有效提高整条供应链的透明度和可控性，从而大大提升供应链效率，降低供应链风险。

供应链可视化就是利用数字化技术，采集、分析供应链中的上下游订单、物流以及库存等指标信息，以图形化的方式展现出来。通过对物料、设备等的追踪，可以实时显示其整体交付的程度，包括包装、入库、出库、质检等工序的状况，甚至可以追溯其生产流程中的各种状态。

近几年，"黑天鹅"事件频繁发生，越来越多的企业将打造一个有韧性的智能供应链作为其最重要的战略举措之一。

互联网建立了人与人的链接，物联网建立了物与物、人与物间的链接，实现万物互联。农业时代靠水利，工业时代靠电力，数字化时代靠算力。100 多年前，电力成为新能源，传递信息的方式发生了根本变化。20 世纪 60 年代，互联网诞生，信息技术改变了整个世界。时至今日，互联网应用

拓展到物联网、智慧农业、智慧城市、智慧零售、工业互联网等，一切变得更智慧，人们的工作、生活将迎来翻天覆地的变化。

物联网的核心和基础仍然是互联网。它通过射频识别、红外感应器、全球定位系统、激光扫描器等信息传感设备，把物品与互联网相连，实现智能化识别、定位、跟踪、监控和管理。利用无线网络技术，人们可以与物体"对话"，物体和物体也可以"交流"。物联网也被称为传感器网，如果物体装上微传感器芯片，它就能"自动说话"。在物联网上，每个人都可以应用电子标签将真实的物体上网联结，在物联网上查出它们的具体位置。

那么物联网技术是什么？物联网技术只是实现物联网各功能的技术手段。主要技术包括射频识别技术、蓝牙、Wi-Fi、ZigBee、总线技术、定位技术等，通过这些技术，可进行通信与信息交换。本书不探讨技术问题，而是探讨如何使用物联网技术管理供应链。

在供应链领域，利用物联网，在企业供应链各环节、各成员之间进行感知、监控和交互，实现实时、即时或远程数据存储、分析和处理并转化为对企业有用的信息。

农业作为传统产业，极易受自然气候的影响，劳动强度也大，而5G+物联网则帮助农业实现了从劳动密集型产业向"智慧农业"的转变，改变了农业千百年来"靠天吃饭"的历史，走上了"科技创收"之路。

当你参观一个养牛场，看中了某一头牛时，可以指定这头牛身上的某个部位，待它长大被宰后，就可以获得这块肉，还可以"看见"它的成长过程、病例卡。

5.2.2 物联网在供应链领域的应用

供应链面临许多挑战，这些挑战可以通过物联网来解决。IDC（国际数据公司）和 SAP（思爱普）的一份报告预测，物联网将使交付和供应链绩效提高 15%。

在订单环节，签订订单时会生成唯一一个订单编号，把生产计划与物料清单及订单编号融合在一起，并同时与产品电子码实时连接，随时对订单生产过程及运输过程进行全程监控，由此实现订单履行全程可视化。

在采购环节，可以利用订单编号把生产所需物资采购清单，通过电子数据交换技术，从供应商处获取相应信息，包括物资生产厂、价格、规格、生产状况等信息，同时还可以对所采购的物资的质量进行查询或监控。

在生产环节，通过对 EPC（电子产品代码）标签进行识别，来对零部件原材料、半成品及成品进行跟踪和辨别。

在库存环节，能够对货物信息实时记录，准确了解库存的数量及货物所处的位置。应用 GIS（地理信息系统），还可以对货物运输过程实时全程跟踪，对车辆进行科学调度。

在交付环节，利用 EPC 标签对货物进行验收，通过视频识别技术，自动读写物资出入库，不需点货，极大缩短结算时间。

下面举几个成熟应用场景。

1. 冷链运输

根据联合国粮食及农业组织的调查，每年多达 1/3 的食物在运输途中变质腐烂。

传统的冷链运输，要求管理员定时测冷藏室的温度，并将数据填写在检查单上，通过电子表格以时间为单位管理这些信息。这种方式不安全，容易出错，并且是不透明的。

使用物联网技术，可以在车辆冷藏室或机柜中安装传感器，记录并上传温度、湿度等。可以在门上安装移动传感器，记录舱门的状态是打开的还是关闭的，以及持续的时间。如果舱门未完全关闭，系统将向司机和管理者发送音频信号、视频信号或短信来反馈问题。采用物联网解决方案，企业可以在所有环境中添加传感器，所收集的数据可以为决策者生成商业智能仪表盘。

2. 智能运输

车辆在驶往目的地的过程中会面临许多挑战。在运输过程中，需要监控车辆的位置和运行状况，如温度、湿度、震动、重量等。

"远程信息处理车队管理解决方案"可以提供车辆性能和驾驶员行为的实时数据，向驾驶员提供实时建议，在必要时改变路线和行为。还可以添加摄像头，监控车辆运行状况，在发生驾驶事故的瞬间捕获并传输高清视频，避免产生责任争议。运输公司可以通过它优化车队，减少总闲置时间，节省燃料并减少事故，还可以对车辆进行主动维护，降低维修成本。

3. 智能托盘

可以跟踪托盘并收集使用场景实时数据，包括位置、温度、湿度、冲击、到达/离开时间等。收集的数据可以供制造商、物流公司、零售商、保险公司甚至监管机构等优化运营。

托盘即服务模式，可以将购买托盘的资本支出转化为运营支出，改善财务报表。

4. 智能包装

包装也可以联网，如将装食品、药品等的瓶子或纸箱联网，为消费者、零售商和制造商提供有用信息。消费者可以查看产品来源信息，增加品牌的透明度，建立信任。零售商和制造商可以通过收集的数据，改善运营、开发新产品，并根据消费者行为推出更好的营销活动。

其实，人也可以联网，如负责最后一公里交付的送货人员，可以监测他们的身体和行为。通过物联网设备，可以提醒员工，减少事故发生，帮助优化物流路线，还可以提高公司、员工和客户之间的透明度。亚马逊、DHL等大型公司已经使用了这种方法，并取得了有益的成果。只是，此处应当注意，监控员工可能带来隐私问题。

5.2.3　如何使用物联网

物联网（IoT）和人工智能（AI）两种技术融合催生了AIoT，即将AI技术嵌入IoT组件中。将连接的传感器和执行器收集的数据与AI相结合，可以通过边缘计算减少延迟、增加隐私和实时智能。

物联网即服务（IoTaaS）供应商可提供各种平台帮助企业进行 IoT 部署。该技术旨在使企业能够轻松部署和管理其连接的设备。它已成为企业物联网采用的加速器，尤其是在预测性维护、高级自动化和状态监控方面。

数字孪生，充分利用物理模型、仿真模拟，允许组织进行"假设"模拟，在虚拟空间中完成映射，从而反映相对应的实体装备的全生命周期，便于主动发现和避免问题。

> **案例**
>
> **打造 5G 智能分拣中心，降低成本 40%**
>
> 中兴通讯用 5G 技术打造南京滨江基地全球 5G 成品智能分拣中心，实现成品转运、入库、存储、出库全流程自动化、智能化作业。它是智能仓储、5G 技术、数字孪生共同打造的现代化的智能分拣中心，作业效率提升了 30%，成本降低了 40%，人员减少了 35%，减少了碳排放。
>
> 这个项目有以下难点：
>
> 包装类型多、尺寸杂，有木箱、纸箱、托盘，箱子有小纸箱、大木箱，托盘有各种尺寸。前期，产品包装都是人工操作，没有数据积累，很难建立数学模型。产品还要跨楼栋、超长距离转运。成品按照订单、箱号出入库，每一个箱号就是一个 SKU，很难提升出库效率。
>
> 中兴通讯秉持用"5G 制造 5G 的理念"，通过 5G 端到端解决方案，实现制造基地内生产线、立体区域、散料区等近 8 万平方米的 5G 信号深度覆盖，将自动化物流设备的通信模块改造成 5G 通信模块，实现 EMS（电子单轨系统）、堆垛机、AGV、直行穿梭车、环形穿梭车、VR/AR 等设备的 5G 通信，充分利用 5G 网络边缘计算优势，将内容与应用下沉，实现超低时延。
>
> 针对成品生产、转运、存储、出库，实现全程自动化、智能化作业。

> 该项目基于人机料法环深度融合的数据采集标准，利用物联网等技术设计数据采集平台，实现业务数据、设备数据、仓储资源数据等全域数据的采集、清洗、存储、分发、订阅、重塑等功能，利用数字孪生技术，将物流设备数据、仓储业务数据关联起来，利用虚拟现实技术，构建虚拟工厂。
>
> 资料来源：中兴通讯《2022中兴通讯供应链优秀案例集》。

使用物联网面临哪些障碍呢？传感器成本比较高，人们还普遍担心数据泄露隐私，缺乏全球物联网通信标准，也缺乏全球物联网安全标准。连接设备数量的增加，显著增加了网络攻击的潜在点，并造成了巨大的安全漏洞。只有全球统一的物联网通信标准和安全标准，才能让物联网无处不在，发挥更大的作用。

5G、云计算、AI等新技术与物联网的不断融合，将会带动企业走向智能化。

5.3 区块链，让信任成本大幅降低

供应链是一条链，涉及多个环节、多个组织。传统的供应链，由于信息难以共享、易窜改，容易产生牛鞭效应，交易纠纷很难处理，所以交易各方难以建立互信，信任成本非常高。而区块链技术由于其分布式、不可窜改、可溯源的特性，天然地适用于供应链，能解决数据真实性、交易合法性的问题，让信任成本大幅降低。

5.3.1 区块链，与供应链天生一对儿

CCTV曾经有一个著名的栏目《实话实说》，同时还有一个栏目，坚持"用事实说话"的《焦点访谈》，当时十分火爆。

我到北京参加一个论坛，众多"重量级"嘉宾讲了很多让人心潮澎湃

的"大道理",只有一个嘉宾让我印象深刻,他是日本研究长寿企业秘诀的大学教授,一组组数据让他的演讲格外有说服力。

我在一年一度的"中国好采购"大会上,曾经立下"豪言",要用数据说话。每一年给大家提供一些数据,对供应链做一些洞察,为大家新的一年工作规划提供些输入、参考。

但是我发现,要想做到这一点,非常辛苦,因为很难找到有价值的数据,不仅获取数据非常难,而且这些数据相互不印证,难以让人相信。我也理解了,为什么人们对各种机构发布的数据心有疑惑,总是抱有不信任的心态。真是,缺少数据,人在囧途。

本书一再强调,组织之间的高效协同是供应链管理的两个重大课题之一。组织之间不能做到高效协同,除了意识问题、意愿问题,一个非常重要的原因就是相互之间的信任问题。

为什么小微企业融资难、融资贵?因为没有抵押物,没有信用记录。为什么要对供应商进行评审、对来料进行检验?因为供应商说的不能让人相信。为什么要对供应商进行财务评审?因为担心供应商的财务状况恶化,会导致供应不可持续。即使供应商提供了财务报表,我们也会担心数据作假,或者由于管理混乱,管理者也说不清楚这些数据是真还是假,信任的成本非常高昂。有了区块链技术,供应链管理人员可以利用它快速建立信任、达成协同。

案例

IBM 使用区块链,提高食品供应链可视化

IBM Food Trust 是一个由种植商、加工商、批发商、分销商、制造商、零售商等组成的协作网络,可提供整个食品供应链的可视化管理和问责机制。该解决方案基于 IBM 区块链,通过经许可、不可窜改和可共享的食品原产地、交易数据、加工细节等记录将参与者联系起来。

1. 为什么区块链技术能够建立信任

"代码即法律""代码即信任"是区块链的核心和精髓。据说，中本聪创造比特币的时候就明确说过，希望通过代码来构建一个更加公平、公正、公开的世界。区块链技术用技术解决信任的问题。它基于对代码的信任，对不可窜改和广而告之的特点的信任，在一个缺乏信任的环境下建立信任和传递信任。

区块链技术是利用块链式数据结构来验证和存储数据，利用分布式节点共识算法来生成和更新数据，利用密码学的方式保证数据传输和访问的安全，利用由自动化脚本代码组成的智能合约来编程和操作数据的一种全新的分布式基础架构与计算范式。

这是工信部《中国区块链技术和应用发展白皮书》里的定义，有点深奥，不容易理解。

简单地说，区块链技术就是使用分布式记账、密码学、时间戳等技术组合，确保数据不可窜改、全程可追溯，从而解决社会交往中构建信任的难题。说到底，就是记账和认账。经济社会活动都会对应一个账户体系，传统上企业有专门的人去记账，如供应链上的供销存数据，可能记错账，所以需要不断对账，还要做到账卡物相符。

所谓分布式，就是你有一本账，我也有一本账，还有不知道在什么地方、什么人手里也有的一本账，大家的账是一样的。大家都记载了这个区块链社群中所有人所有的账，并且建立了相互信任的机制，对这个机制是达成"共识"的，所有人都有权利使用该账户的基本信息。区块链，就是大家都记账，大家都认这本账。

2. 区块链直击供应链痛点

区块链与供应链，简直是天生的一对。供应链是一个复杂的有机整体，涉及主体众多，业务流程复杂。有人说，AI是生产力，区块链体现的是生产关系。区块链就是建立信任的机器，用一套数学算法确保供应链各方快速建立信任，提高供应链透明度，大幅降低信任成本，降低供应链流程的复杂性。

区块链直击供应链痛点，德勤公司对此进行了概括，如图5-1所示。

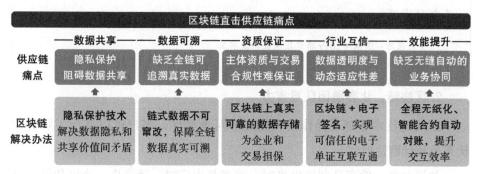

图 5-1　区块链与供应链的结合

资料来源：德勤区块链报告《区块链 VS 供应链：天生一对》。

5.3.2　区块链在供应链管理中的应用场景

供应链是一条链，区块链技术是一种大规模的协作工具，当区块链遇到供应链，颠覆性技术就有了广阔的应用场景和空间。

1. 区块链，让供应链金融更简单

中小企业融资难、融资贵，主要原因是尽职调查成本高。有了区块链，不需要尽职调查，不需要抵押品，就可以获得信用。银行、保险公司可以使用相同的数据，准确计算风险并可以实时观察和监管变化，以便对成本做出微调。

> **案例**
>
> **腾讯通过区块链构建微企链**
>
> 中国小微企业已经达到9000多万户，应收账款总额已超过200 000亿元，而实际发生保理融资的近30 000亿元，仍然有近170 000亿元的应收账款融资需求无法覆盖。

> 腾讯通过区块链连接供应链中的完整真实的交易记录,利用新技术实现供应链金融中的信任穿透,降低中小企业的融资成本,深度盘活金融资源。
>
> 资料来源:腾讯《2019腾讯区块链白皮书》。

2. 区块链,让客服团队更省力

区块链技术提高了操作的可见性和可预测性,客户可以自行了解货物状态及预计到达时间。

如果在每一件商品制造出来时,或者是出厂时,就产生一个区块链,并且在它被运输或交易时利用区块链记录全过程,那么整个流通过程就是可追踪的。当消费者购买这件商品时,他就可以看到这件商品是如何从出厂开始一步一步来到自己手上的。这样理论上说可以杜绝假货,因为区块链是一一对应的,既然不可能产生两个相同的区块链,也就不可能复制同一件商品,厂家也可以了解到自己的每一件商品是怎样流通到消费者手上的。

> **案例**
>
> **首届进口博览会,通过扫码了解食品全流程**
>
> 2018年11月,第一届中国国际进口博览会在上海举办。餐饮食品安全用上了区块链技术。展馆内的餐饮食品采购信息录入到系统里备案,并存储在区块链上,利用二维码作为信息载体,消费者扫码即可了解食品何时入库、何时通过冷链配送、企业信息等全面的餐饮食品信息。区块链为食品安全保驾护航。

> **案例**
>
> **利用区块链,可以通过扫码打假**
>
> 美国加州公司Skuchain在红酒供应链中,利用区块链技术提高

供应链的透明度。红酒厂家首先将红酒产品分销给经销商,并带有Skuchain设计的二维码,经销商把其中一部分红酒转给下一个经销商时,会附带产品的二维码。当有人试图复制二维码时,系统就会发现,可以跟踪到复制者,并对侵犯商品权造假者进行惩罚。

3.区块链,让供应链高效协同

区块链技术使供应链中涉及的原材料信息、部件生产信息、产品运输信息等以区块的方式在链上永久储存。区块链记录在任何时间或地点产品的所有状态,人们可以轻松地进行数据溯源,企业可以利用这些信息打击假冒产品和其他犯罪行为。

阳澄湖大闸蟹非常有名,我家在上海,距离阳澄湖不远,经常跟朋友去阳澄湖。据说每年阳澄湖大闸蟹的销量,远远大于阳澄湖大闸蟹的产量。这就意味着,市场上有大量的冒牌阳澄湖大闸蟹。建议阳澄湖大闸蟹养殖户可以使用区块链技术打假。

案例

区块链,让假冒伪劣无处遁形

据报道,京东等企业正尝试在农牧业中引入区块链技术,做到一头牛从出生到屠宰到商场上架,每一步信息都上传到区块链,做到让人信赖。阿里巴巴与澳大利亚国家邮政局合作,利用区块链解决向中国出口假冒食品,从源头上解决此类食品安全的问题。沃尔玛在中国完成了利用区块链技术追踪猪肉产销全过程的试点计划。众安基于区块链的养鸡场项目,实时记录和追溯鸡的整个成长过程。

欧盟在《区块链:前瞻性贸易政策》决议中称,区块链可以改善供应链中的透明度,简化贸易流程,降低成本,防止腐败,监控偷漏税行为,并且能够提高数据的安全性。

> 从 2019 年 3 月起，深圳部分出租车、地铁、机场大巴等交通工具引入区块链电子发票，目前，已覆盖金融保险、零售商超、酒店餐饮、停车服务、互联网服务、交通行业等六大领域，接入企业超过 1000 家。

4. 区块链，让财务信息流无缝对接

加快应付账款流程。依据德勤调查报告，43% 的大型企业表示，实现高效的财务处理是一项艰巨的任务。在美国，2019 年处理单张发票的成本超过 200 美元，平均耗时 8.6 天。区块链技术取消了纸质凭证，减少了人工处理过程中可能造成的错误和延迟。基于区块链技术和智能合约技术，可以有效防止交易不公、交易欺诈，可以对交易自动处理，降低交易成本，提升效率。

促进跨境物流无缝协作。使用电子签名＋区块链技术，可以将物流和贸易单证以可信的形式进行电子处理，解决传统纸质单据易丢失、易窜改问题，保证数据真实可靠。进出口涉及许多手续，层层文书需要手动完成。由于文书要求严格，中介成本很高。根据联合国在亚太贸易中的统计数据，采用区块链技术将为文书工作节省时间多达 44%。

总结下来，区块链技术在供应链领域可以用于数据共享、防伪溯源、监管审计、行业互信。随着技术和市场的成熟，使用区块链来改善供应链的应用场景越来越多，区块链技术将有望推动供应链管理颠覆式创新。

5.4 人工智能，不只是增强人的大脑

很多人都说，未来最大的确定性就是不确定，而供应链的各种问题其实就是不确定性造成的。大数据是解决不确定性的良药。如何使用大数据、人工智能解决供应链的问题，就是供应链管理者必须思考的问题。

过去 20 多年，企业遭遇了颠覆性的冲击。自 2000 年以来，数字化已

令半数的《财富》500强企业从榜单中消失，人工智能将让这个数字变化得更大，人工智能正蓄势待发。

当今，华尔街超过60%的交易均由人工智能执行，很少或根本无须人类监督。这是克里斯托弗·斯坦纳（Christopher Steiner）在《算法帝国》中提到的。按照Gartner公司说法，2020年，超过85%的客户互动无须人工参与。

5.4.1 什么是人工智能

目前对人工智能（aritificial intelligence，AI）并没有统一的定义，一致的看法是，人工智能涵盖了一系列不同的技术，通过有效的组合让机器能够像类似人类的智能水平展开行动。本书不去尝试从技术角度准确描述人工智能，而是帮助供应链管理者构建一个能力框架，了解并使用人工智能技术，解决供应链问题。

在技术层面，人工智能就是要让机器获得类似人类的感知、理解、行动和学习能力。感知，就是像人的眼睛、耳朵、嘴巴，甚至像鼻子一样，通过获取并处理图像、声音、语言文字和其他数据察觉周围的世界。理解，就是让机器能够通过识别模式，来理解所收集到的信息，理解信息背后的真正含义，就是我们常说的"洞察""透过现象看本质"。行动，就是基于上述理解，根据洞察采取行动。学习，这是人工智能最厉害的地方，能够像人一样，从成功或失败的行动中汲取经验教训，举一反三，深度学习，不断优化自身性能。

广联达数字建筑供应链研究院描绘了人工智能技术在供应链中的应用趋势（见图5-2）。

人工智能，能够通过分析数据来自主决定完成任务所需的行动，而非按照明确的指令、以预先定义的方法行事，这正是人工智能与其他形式自动化的区别。

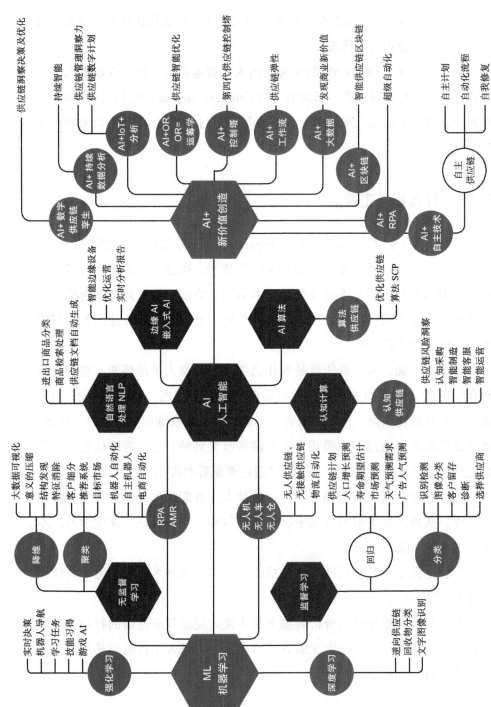

图 5-2 人工智能技术在供应链中的应用趋势

资料来源：广联达《建筑供应链数字化转型白皮书》。

谷歌旗下的 DeepMind 公司开发的人工智能阿尔法围棋（AlphaGo），已成为首个在高度复杂的棋类竞技中击败人类专业选手的计算机程序。开发人员向阿尔法围棋传授比赛规则，然后展示了数千种人类之间的对决，由系统自行决定自身策略。结果是，阿尔法围棋一举战胜了拥有传奇成就的世界围棋冠军李世石，这个故事大家可能都听过。其实更厉害的是，DeepMind 并未就此停止其步伐，公司随后开发了更为强大的第 2 版 AlphaGo Zero，它可以通过自我对弈来掌握获胜之道，完全无须观察人类棋手。不仅如此，它作为人工智能更新迭代的最新版本，能够和自己较量来学习国际象棋，并且在短短 4 小时内就超越了人类的技能水平。

机器学习是人工智能系统的核心。它可以从原始数据中学习，无论是进行前瞻判断的预测系统、近乎实时解读语音和文本的自然语言处理系统、以非凡准确度识别视觉内容的机器视觉技术，还是优化搜索和信息检索，都依托于机器学习。

相对于其他技术，机器学习的一项关键优势，就是对"脏乱"数据的容忍度。数据中包含着重复、不完整、不准确以及过时的信息，我们人类应对"脏乱"数据非常痛苦，非常烦躁。机器可以自主学习，不断改进，能够以更高的准确性处理脏乱数据。在我们当前所处的数据大爆炸时代，这变得越来越重要。

机器学习，不仅可以实现监督学习，还可以实现无监督学习，甚至是强化学习，比家里的小朋友还听话。它所使用的算法利用反复试错形成"奖励"和"惩罚"的反馈循环，不断修正自己，通过神经网络（neural networks）的每个节点，将每个层级的输出作为下一个层级的输入，持续深度学习，最终有望超过人类，实现超级智能（super intelligence）。

关于人工智能，互联网上的一大热点，就是关于某些宠物和食品之间的神相似。例如，蜷缩的小狗和烤好的面包圈，图片看上去非常相似，人工识别要看好半天，机器却可以在"一瞥之间"轻松完成，以惊人的准确度区分食物与宠物，因为它深度学习了，比人类还擅长总结。

说人工智能离不开大数据，是因为人工智能是建立在大数据基础上的。

麦肯锡对大数据的定义是：一种规模大到在获取、存储、管理、分析方面大大超出了传统数据库软件工具能力范围的数据集合，具有海量的数据规模、快速的数据流转、多样的数据类型和价值密度低四大特征。IBM 提出的大数据的 5V 特点是：volume（大量）、velocity（高速）、variety（多样）、value（低价值密度）、veracity（真实性）。意思就是数据量特别大，一般人类处理不了，一般软件也处理不了。

大数据技术处理的是"海量"数据。大数据的处理流程可以分为数据采集、数据处理、数据存储、数据挖掘等步骤，由于数据量"大"，从中可以发现很多事物的相关性，通过数据洞察，挖掘事物"规律"。注意是"相关性"，不是"因果性"，有时说不清为什么，数据摆在那里，凭数据说话。

案例

大数据调阀门，提高水泥产量

阿里云团队帮助东华水泥建设"水泥工业大脑"项目。AI 模型显示，有一个原料磨循环风机的阀门，它的参数调整对提高产量、降低能耗有帮助，但实际生产中很少去动它。阿里云团队建议调整这个阀门看看。

水泥厂的工艺工程师马上不干了："这个阀门你不要给我乱动，动坏了怎么办？再一个，你说调这个阀门有效，你的理论依据是什么？"阿里云的算法工程师回答："我不知道理论依据是什么，这是大数据算出来的，大数据没有理论依据可讲。"

工艺工程师的怀疑是很自然的，连工艺都不懂，怎么可能改进工艺。

后来，领导决定试一试。结果台产从 460 吨提高到 480 吨，这下，工艺工程师服气了。

资料来源：得到 App。

在供应链领域，从需求产生、产品设计到采购、制造、交付等各个环节，借助大数据技术，可以精准分析需求属性，降低垃圾信息对供应链运营的干扰；通过供应商绩效评估和合同管理，可以对供应链现有资源进行合理配置；借助大数据进行建模和仿真，可以有效提升供应链运作效率；判定供应链数据之间的关系，可以预测面临的各种风险，在正确的时间提醒正确的人员采取正确的行动。

5.4.2 人工智能在供应链管理中的应用

供应链管理过去靠经验，未来靠数据，"表哥""表姐"肯定不如机器。供应链管理人员类似于医生，核心的工作就是从各种数据中发现运营问题，然后进行针对性的调整。而一堆人进行的数据统计、分析论证，很可能是错的。为什么会错，原因有两点。

第一，有数据，但数据不会给出结论。

企业虽然有 ERP、WMS 等信息化工具，能提供各种运营数据，但这些管理软件都是哑巴，它们只是忠实地记录数据，不会提供预警，不会预测未来，更不会告诉你应该采取什么样的措施，会产生什么样的后果，基本靠管理人员的经验。

第二，有经验，但不足以支撑判断。

即使管理人员获取了运营的数据，受限于自己的经验水平，管理人员也只能简单粗略地根据自己的知识做一些判断。指标体系够不够完整，模拟运算够不够精确，过程有无人工错误等，都难判断。

未来，在 AI 时代，人们可以在 AI 的辅助下做出各种决策，甚至由 AI 自动决策。在大数据基础上的人工智能，之所以不靠分析因果关系，而靠分析数据之间的相关性，提供解决问题的新方法，是因为数据的量大、多维度和完备性，海量数据消除了不确定性，所以 AI 显得比人更聪明，这是大数据使然。

过去我们一直非常强调因果关系，而大数据技术只是找到了强相关，即从大数据中找规律。其实归纳、演绎这两个基本的逻辑规律，本质上或许就是强相关，我们需要转换思维模式。很多时候，落后与先进的差距，不取决于设备和技术，而取决于思维方式。大数据可以精准找到问题，也可以精准解决问题。以前靠经验，未来靠数据。或许，也可以这样理解，我们的经验就是"数据"的积累，只是我们个人积累的经验数量不够"大"，太大了，我们人脑也处理不了。

AI可以帮助供应链管理做很多事情。

在精准预测上，基于大数据，人工智能可以提供更精准的预测，避免需求变异放大产生的牛鞭效应，避免资源浪费。在绩效管理上，将分散在各个部门、各个环节的数据，整合成一套监控和考核指标体系，借助AI，实时对供应链运作指标，包括财务指标，进行监控、预警，甚至自动生成工单进行问题的处理和跟进。在补货操作上，解放"表哥表姐"每天烦琐枯燥的数据统计报表工作，由AI分析周转率、库龄、起订量等指标，然后提供库存预警和补货建议，管理人员只需选择最优方案即可，或由AI自动决策。

AI也可以提供如何在产能、成本、时效、服务等因素上达到平衡，还可以提供拣选路径规划、订单应该从哪个仓库发货、选择哪个配送商、走哪条路线合理等建议。

震坤行工业超市的智能小仓库，就能根据大数据，提供谁领用材料、什么时间领用等数据信息，进一步提升，还能自动补货。京东实现了一定范围内的自动化补货，部分品类使用大数据和人工智能做商品的选品、定价，以及对相关供应链数据进行分析和可视化。其中自动化补货分为两方面，一是自动下单，二是合理下单，保证库存的水位不会太高。还可以和供应商一起做协同预测，预测补货量、时间点和库存分布等。

在销售预测、动态定价这两方面京东做了很多尝试。在销售预测方面，针对每一个SKU做特征值建模，比如季节、地域等，看哪些特征值会影响销量，同时加入京东运营伙伴的卓越经验，将零售经验与机器学习算法相互结合，预测相对准确的销售量，指导仓库下单和补货。在动态定价方面，京东使用量价关系价格弹性模型，集成市场数据，也包括竞争对手的数据，为上百万个 SKU 做出个性化的建模，动态确定最优价格。

可以预见，用不了几年，AI 就将成为一名同事、合作者和值得信赖的顾问，在企业中与人类并肩协作。人机合作撰写新闻已成为现实，通过自拍入住酒店、不用再办理文本登记手续正在成为现实。机器人已经完成了活猪的外科手术。广联达科技公司开发的智能识别系统，可以自动识别运输钢筋的根数，不需要人工点数。据 Forrester 估算，2020 年，洞见导向型企业每年从缺乏洞察的同行那里抢占 1.2 万亿美元市场份额，说明了数据洞察的重要性。

人工智能蓬勃发展的道路上，除了数据、算法、算力三个技术要素，还有数据共享、算力共享、生态共享等管理上的障碍，以及使用人工智能的信任、责任、安全和控制四大类风险。这四大类风险指的是：信任，是否可以信任来自人工智能的安全性；责任，人工智能出错甚至违法时，谁为此承担法律后果；安全，如何防止人工智能在未经授权的情况下遭到恶意操控；控制，人类是否可以随时收回控制权，确保人能控制机器。

此外，使用人工智能的障碍还有担心员工失业、缺少合适的人才，以及有投资限制。

机器人流程自动化和人工智能对就业者的影响是一个极为敏感的问题。其实，也不用担心，历史上的技术进步一直都是如此。机器人流程自动化取代的是任务而非员工，许多已采用 RPA 技术的企业都让人类员工专注于更多涉及人际关系，更具趣味性、挑战性、创造性的工作，而将人们不愿意干的单调、无聊、重复工作留给机器。埃森哲已实现了 1.7 万个工作岗位的自动化，成功地将员工调配到其他业务领域。

5.5 机器人，不只是解放人的四肢

现在，我们入住宾馆、到餐厅吃饭，都可以看到各种各样的机器人，很多公司的客服也都是机器人。我到科大讯飞参观，与虚拟主播还聊了一

会儿天，主播有着甜甜的声音，其实是机器人。

图 5-3 所示是科大讯飞研发的虚拟主播 2022 年 12 月 3 日播发新华社消息。

图 5-3　虚拟主播播报新闻

资料来源：新华社新媒体。

关于机器人，最具象征意义的是两件事，一个是阿尔法围棋与李世石的围棋大战，还有一个就是沙特授予机器人索菲亚公民身份。

2018 年 2 月 5 日，央视网报道，历史上首个被沙特授予公民身份的机器人索菲亚做客央视《对话》节目，与主持人陈伟鸿进行对话。索菲亚曾在英国最火爆的早间新闻节目中谈笑风生。她拥有和人类几乎一模一样的皮肤，"大脑"中的计算机算法能够帮助她快速识别面部，并和人进行眼神交流，不止如此，索菲亚还能理解语言和记住与人类的互动，包括面部表情。当没有生命的机器人，突然具备了与人类一样的合法身份，人类与机器人"共存"融合的时代似乎即将到来。

可以预判，2035 智能时代，人类不愿意干、没有时间干、不方便干的工作，必将由机器人取代。我了解到，某世界 500 强汽车零部件公司，已经引入谈判机器人，供应商给出一个报价，机器人会自动做出比价，然后回复"太贵了"。我还了解到，一些公司已经开始尝试给供应链管理人员提出

KPI 考核指标，其中包括 3 年之内用机器换人的百分比，并且要求节省人工的成本大于对机器人的投资。

现在，人难招，成本高，电子商务发展快，这"三座大山"驱动供应链必须加快速度、提高效率。并且，随着技术的发展，机器人的价格越来越低，动作越来越灵活，不需要休息、不需要假期，不会闹情绪，可以连续 24 小时"白 + 黑"不停地工作，而人力相对短缺，成本越来越高，因此很多公司都在考虑，哪些工作可以由机器人取代，使用"数字员工"。

5.5.1 RPA，软件机器人的代表

RPA 是在 AI 和自动化基础上，实现机器人自动化的技术集合。它模拟人类操作计算机的行为，接管了原有工作流程中人工操作的部分，实现全流程自动化。

RPA 类似外挂系统，无须改造现有系统，对非技术的业务人员非常友好，基本不需要编码，主要利用图形化可拖拽的工具进行编辑，甚至可以用录制的方式自动生成，实施周期非常短，一般 1～2 周即可完成。

RPA 是智能化软件，可以理解为自动化机器人。只要预先设计好使用规则，RPA 就可以模拟人类，进行复制、粘贴、点击、输入等行为，协助人类完成大量规则较为固定、重复性较高、附加值较低的事情。

简单地说，RPA 如同人的双手，只要是"简单重复"和"规则明确"的工作流程任务，都可以自动完成。很多白领都领教过 Ctrl+C(复制)、Ctrl+V(粘贴)的枯燥，如果重复粘贴的事务流程简单、规则清楚，RPA 完全可以承担这些工作。

比如，网站爬虫可以从指定网站上爬取价格信息、客户信息；再比如，原有系统不支持批量操作，必须人工一条一条处理邮件、工单，RPA 就可以批量操作，还可以跨系统对接，在多个系统之间做流程处理，取代人工来做检查比对或数据转换的工作，如制作各种供应链报表。

RPA 可以整合 ERP 等系统，代替人工实现各系统间的交互，自动生成

报告，如库存、应付账款和应收账款报告等，并通过电子邮件自动发送或将其上传到共享文件夹中。

RPA 可以将整个 PO（采购订单）流程自动化，确保订单 100% 准确和快速执行。在订单创建方面，RPA 负责从独立系统中提取数据，寻求有关负责人邮件批准以及生成 PO。在订单管理方面，RPA 帮助验证订单是否有重复，缩短订单到交货时间。

供需计划流程也可通过 RPA 实现自动化。根据多个数据来源，如销售目标、销售历史数据、季节性波动、当前库存水平、预期出货量等做出决策。借助人工智能的机器学习，RPA 机器人还可以预测需求并自动通知采购团队。

当 RPA 集合 AI 技术以后，就可以在现有系统中快速添加黑科技，如人脸识别、文字识别、语音识别等，让传统 RPA 有了"眼睛"和"大脑"，去完成纸质文档识别、票据识别、复杂表格等需要光学识别、语音理解的工作。

案例

中兴通讯使用 RPA，人力成本节约 60%

在中兴通讯，业务量巨大，信息流中存在海量重复业务。财务、HR、研发等部门已应用 RPA 实现了部分场景的自动化。制造部门在构建 RPA 程序过程中，通过 ECRS（取消、合并、重排、简化）精益手法对流程进行再造，如授权打印、装箱单拟制与二级装箱单打印、地址打印等 5 个操作实现 RPA，业务模式从分单据、各自批量完成、整合模式升级到一个流模式，减少三次周转，周期缩短 80%、人力节约 60%。

资料来源：中兴通讯《2022 中兴通讯供应链优秀案例集》。

RPA 可以比人类更快、更准确、无差错、7×24 小时地执行重复性任

务，永不疲倦，没有怨言，可以让员工更加集中精力去做创造性的高价值的工作。RPA作为近年来增速最快的企业级数字化技术，是企业数字化转型的重要技术抓手。

5.5.2 协作机器人，弥补劳动力缺口

协作机器人（collaborative robert）是用来辅助工人作业的，通常部署在存在大量重复性工作的地方，它们被工人"训练"之后可以承担某些任务，不需要进一步的干预。协作机器人实现无人化生产和服务，能弥补劳动力缺口。

协作机器人与通用机器人的区别在于，前者可以再培训，而后者一般只能完成单一任务。相比传统的工业机器人，协作机器人更适合干人不想干的工作，比如分类、包装、挑拣等高重复性的工作。协作机器人更安全，不需要像传统工业机器人那样，必须使用物理围栏，而是使用虚拟数字围栏来限制其运动范围，确保它一触即停。这样就可以把它布置在生产线上的任意位置，与生产线上的工作人员亲密合作。传统工业机器人需要专业人员通过特殊的编程器，用专有的编程语言进行规划和编程，从而导致它的部署时间长，成本居高不下。而协作机器人通过拖动示教、自然语言和视觉指导，可以随时被投放在新的岗位上，快速完成编程和调试，迅速执行任务，因此更易被快速灵活地部署。

有统计表明，80%的仓储工作都是手工操作的，具有巨大的自动化潜力。机器人在供应链中扮演着协作者的角色，协助工人进行仓储运输，甚至是最后1公里的送货工作。机器人已经进入物流劳动力队伍，传统仓库和配送中心正在快速转型。

协作机器人具有更低的TCO（总拥有成本），更短的投资回报期，它的售价和每年的维修成本远低于传统工业机器人，在过去几年，协作机器人的平均售价下降了一半。随着它的规模化普及，我们可期待协作机器人的成本将进一步降低，可被更多的企业采购，快速产生经济回报。

机器人技术、增强现实技术、自动驾驶技术、传感器技术和物联网正在快速融合并催生出智能仓库，协作机器人将引发仓储业的革命。

5.5.3 自主移动机器人，代人跑腿

自主移动机器人（autonomous mobile robot，AMR），是在仓库环境中移动物料的机器人，具备丰富的环境感知能力，使用预先编制的仓库地图，利用激光和摄像头等传感器与环境进行互动，具有基于现场的动态路径规划能力、灵活避障能力、全局定位能力等，实现自主导航。它与人类和叉车一起协同工作，帮人跑腿。

例如，在生产线上料、取料和下料过程中，AMR与各类机台和设备无人化对接，实现物料搬运的无人化。在仓储领域，AMR主要用于货物的智能拣选、位移以及出入库，实现"货架到人"。此外，物料的配送和调度也不仅仅在厂房内部，还可以扩展到园区内，在厂房与厂房、仓库与仓库之间进行货物的搬运和出入库自动登记。

自动导引车（automated guided vehicle，AGV）见图5-4使用天线、磁条或传感器开展作业，但仅限于特定路线，适用于大量和要求一致的重复性的运输工作，与AMR相比，它不够灵活。AMR是AGV的升级版，可能会成为物料运输机器人的未来，因为它更具灵活性，不需要专门的基础设施，而且总成本更低。简单地说，AGV有固定线路，遇到障碍物会停下来等待，AMR不需要固定线路，遇到障碍物会绕过去。

比如，在拣选环节，AGV可以智能感知周围环境，帮助工人完成诸如拣选、包装等任务，还有用于托盘、拖车和集装箱装卸货的机器人，将人从体力劳动和重复性工作中解放出来。AMR可以通过摄像头识别多种物品，不需要人工协助。

再比如，在其他应用环节，装卸机器人还可以通过图像识别技术，在抓取单个包裹时，辨别其大小和形状，并确定最佳装卸顺序；用于本地送货的辅助机器人，可以跟随送货人员，运输重量级的货物和预分拣货物，并

自动将货物运送到专门的收货点；协作机器人可用于夜间的补货、周期盘点和清洁活动，移动式拣货机器人将在未来的操作中发挥重要作用。

图 5-4　自动导引车

如今在制造业中，移动机器人最主要的用途是搬运，主要应用在汽车工业、3C 电子、芯片制造、物流包装等行业。它有两个非常明显的趋势，一个是 AMR 对 AGV 的替代，因为 AMR 能更好地执行外界干扰多及非固定线路场景任务，另一个则是行业内流传的"2021 是复合机器人元年"——更经济的 AGV 与更智能的 AMR。

2021 年，复合机器人开始落地半导体、电力、大数据中心、金属加工等行业。复合机器人可以整合多个动作，它集移动机器人和工业机器人的功能于一身，如同拥有了人的腿（AGV）、手（机械臂）、眼（3D 视觉）、脑（AI），大幅延展了机器人的功能与可用场景。

我参观过京东在上海的亚洲一号无人分拣中心，自助拣选机器人可以通过摄像头识别多种物品，完全不需要人工拣选。

自动驾驶卡车技术也渐进成熟，当下很多城市开通自动驾驶线路。梅赛德斯 – 奔驰原型卡车在德国的一条高速路上已经实现了自动驾驶，并在真实驾驶条件下成功地穿过了一个交叉路口。

M2M（machine to machine，机器到机器）使用通信技术，在车辆之间形成一个本地网络，实现车辆自动跟车，协同工作。当第一辆车刹车时，其他车辆也同时刹车，不存在延时。这样，就可以由前方的导航车引导，组成车队行驶。车辆彼此之间的距离，比根据人类反应时间计算出来的安全距离要短得多，大大减少了路面拥堵。还可以对车辆产生的数据进行实时分析，避免拥堵，提高行驶效率，节省人工，降低驾驶强度。在实际应用中，每位司机还可以保持对车辆的独立控制，必要时脱离车队。

20世纪70年代，斯坦福大学推出了首批自动驾驶机器人，该机器人拍了一张环境的照片，经过一个半小时的计算，才安全地向前行进一米，然后再拍摄一张照片，重复这个过程。现在整个过程，只要几毫秒的时间，还可以完成更复杂的任务，如拣选货物。

无人机、无人驾驶的船舶导航技术也在快速发展。自动送货机器人可能替代无人机，以步行速度在人行道和步行区行驶，自动导航到目的地，并可以自动避开障碍物和危险区域。

引入机器人毕竟要花钱，对于引入机器人，我有两点建议，第一是"软硬兼施"，第二是聚焦重点场景。要先找关键业务场景，没有必要一下子全面开花，"软硬兼施"强调机器人可以简单分为软件机器人和硬件机器人。

如果大家担心投资回报，现在一些机器人公司提供"机器人即服务"（roberts as a service，RaaS），将机器人应用集成到网络与云计算环境中，机器人采集的数据可以根据用户需要进行共享和检索，机器人本身的性能数据也可以共享，作为设备维护参考。

当然，使用这些无人设备，还有很多技术、法律、伦理的障碍有待突破。

第 6 章

供应链风险
从"被动应急"到"主动预防"

导 语

企业最大的风险,就是意识不到风险。2020年之后,黑天鹅、灰犀牛事件频发,一会儿供应链断链,一会儿产能过剩,一会儿原料价格猛涨,一会儿原料价格迅速下跌,不但令人看不懂,关键是看不见。人们意识到"风险管理,创造价值"这句话的含义了。

数字化让供应链全程可视,智能化让全程可控。人们可以未雨绸缪,"预见"风险。风险管理,从"被动应急"变成"主动预防"。

21世纪以来，全球供应链高速发展，新的机遇与挑战层出不穷。当企业在享受全球化带来的巨大好处时，供应链似乎变得比以往任何时候都更加脆弱。跨越不同国家和地区的全球供应链可能会因为来自几千千米以外的地震、一次突然的恐怖袭击，或是一项法规的发布而无法运转。

2011年，日本海啸使得半导体及汽车供应链遭受到巨大的损失。2020年，新冠疫情全球肆虐，打乱了几乎所有人的预期，也打乱了全球供应链，很多人、很多家庭、很多企业的命运被强行改写。2022年，俄乌冲突爆发，全球经济面临高通胀挑战，石油、天然气、镍等大宗商品价格飙升，国际物流受阻，物流成本上涨。

过去的供应链更多追求的是成本和效率，但是现在越来越多的管理者把安全和韧性放到了前所未有的高度。

6.1 安全与韧性，领先企业纷纷投资

全球供应链相互联系的复杂性和脆弱性使其非常容易受到系统性风险的影响和冲击，往往牵一发而动全身。频发的自然灾害、全球或区域性的大流行病以及地缘政治冲突等让全球供应链面临严重的不确定性。德勤《2021年全球首席采购官调研报告》显示：70%的受访者认为在过去一年采购风险有所加剧，56%的受访者表示其关键供应商已经破产或受到严重影响，41%的受访者不得不加快运输以保持供应线路畅通。虽然有70%的首席采购官认为他们对一级供应商存在的风险有很好的了解，然而对二级及以上供应商存在的风险有所了解的仅占15%。

6.1.1 丰田：库存备份，应对芯片荒

美国乔治亚理工学院的一项研究表明，当一家公司宣布由于生产或供货延迟，供应链中断之后，这家公司的股票通常当天就会下跌8.62%，如果这一情况一直延续，这家公司的股票价值半年内会下降20%。如果供应链

不能以较快的速度恢复，并且恢复至健康的运营水平，很有可能会改变企业的命运和产业链的竞争格局。

1953年，日本丰田汽车公司创立了JIT生产模式，企业生产系统的各个环节、工序在需要的时候，按需要的量，生产出需要的产品。随着后工业化时代的到来，丰田汽车公司的这种多品种、小批量、零库存的生产模式在越来越多的企业推广和复制。时至今日，JIT仍然是供应链领域最伟大的发明之一。

然而，JIT模式就像一台精密的仪器，在安全稳定的环境中运行得非常顺畅，但是一旦脱离了稳定的环境，面对风险就显得力不从心。2021年发生半导体缺货潮，很多汽车制造商只能减产或者停产。越精益，损失越大。以北京奔驰公司为例，由于仅仅储备了1天的安全存货，经济损失每日高达4亿元。

而丰田公司早就意识到汽车关键零部件的生产周期过长，无法应对自然灾害等毁灭性冲击的影响，会定期囤积汽车的关键零部件，并要求供应商为丰田储备2～6个月的芯片。在其他车企普遍担忧缺芯片时，丰田却上调了产量和盈利预期。虽然之后东南亚疫情的加重和反复导致丰田的零部件采购受阻，也被迫大幅减产，但与其他车企相比影响较小。2021年丰田汽车集团全球销量达1049万辆，同比增长10.1%，连续两年位列全球销售冠军。

备份的库存策略被认为是最昂贵但也是最有效的风险管理策略之一。库存可以灵活调整，以备不时之需。当供应端的交付发生延迟或者中断时，备用库存可以保证中短期的持续供应。此外，除了可以抵抗风险，保证供应，库存还有可能带来收益。如果你有额外的石油储备，你在油荒时便可以获取高额利润。

然而，冗余的库存也带来成本增加的风险，如何更加"精准"地备货成为越来越多企业面临的难题。随着数字化技术的发展，供需之间的库存可以实现透明可视，而库存模式也会越来越灵活，除了传统的实物储备，未来越来越多的企业可能会采用协议储备或者产能储备的方式。例如，万华化学的库存管理已进入 3.0 阶段，它与供应商签订协议，根据库存水位与需求情况实时补充物料，并与核心供应商实现数据对接，不仅能看到供应商寄售的库存，还能看到供应商端的库存。国家在部分战略物资的储备方面采用产能储备的模式，让供应商预备一定的产能，平战结合，以备在"战时"状态能够及时保障战略物资的生产。

6.1.2 联想：全球资源，本地交付

在 2022 年 Gartner 全球供应链 25 强企业的评选中，联想以第 9 名的好成绩再次入围。联想 2021 年的财报显示，联想集团全年营业额近 4600 亿元，同比增长 18%。其业绩的大幅增长，与背后强大的供应链能力密不可分。

在 VUCA 时代，联想通过"全球资源、本地交付"，以中国生产基地为主，用多样性网络激活国际市场的通路，打造了高韧性的全球供应链网络。联想对全球供应链网络进行了前瞻性的布局，虽然联想 90% 的产品都是在中国生产然后发到海外的，但是在墨西哥、巴西、日本、印度都有联想的工厂，当国内工厂出现产能不足的时候，可以很好地利用跨国工厂的产能，为本地客户提供最好的服务。例如，从 2021 年开始联想集团在匈牙利中部佩斯州开设了一条新的生产线，主要生产服务器和台式机，很好地增进了和当地民众的亲近感，也充分体现了制造是最好的外交。

另外，联想通过自有工厂＋代工厂协同组合的模式，来应对脉冲式的、不确定性的订单。例如，2022 年在深圳出现疫情期间，很多卡车将原本送往深圳工厂生产的物料转移到合肥工厂。这种异地多工厂间的协同生产模式，很好地增强了供应链的柔韧性。

6.1.3 中兴通讯：未雨绸缪，健全业务连续性管理体系

中兴通讯从 2019 年开始导入业务连续性管理体系（BCMS：ISO 22301），

并且逐步发展和完善供应链韧性管理的框架，该框架覆盖了从研发、生产到客户交付的全业务过程。

中兴通讯供应链按照"快速响应，积极防范，降低风险，建立世界级企业的业务可持续能力"方针，建立了相应的管理体系和应急响应机制，并设立了专门的业务连续性管理委员会和运作团队，通过不同层级间的日常沟通、监控以及评审来确保相关计划、改进措施的实施和落地。其核心运行模式是通过识别公司赖以生存的产品和服务以及这些产品和服务的关键活动和资源，进行业务影响分析和风险评估，选择和确定合适的业务连续性策略，制订业务连续性计划和事故管理计划；通过演练检验公司在灾害应急和业务恢复方面的能力，最大限度地保障客户、股东等相关方的利益，降低公司经营风险。

为保障公司商业可持续，不发生材料供应中断风险，中兴通讯构建了从产品设计、计划、采购、生产到订单履行的分层防御体系。

第一，在产品设计方面，公司一直秉承开放合作、共享共赢的理念，坚持核心技术创新与全球化采购并行的策略，通过前端研发选型管控、前瞻性资源布局以及全球供应商战略合作，提前防范风险，做到技术、质量、成本和交付等综合成本最优。

第二，在计划与采购方面，加大对行业产能紧张、采购周期长、供应弹性差等关键风险物料的缓冲库存，预防供应中断。

第三，在生产制造方面，建立了深圳、河源、长沙、南京、西安五大生产基地，各生产基地之间具备一定的相互备份的能力，在中断事件发生后能够保障业务快速恢复。

第四，在订单履行方面，每周协同市场、供应商进行中长期供需平衡分析，及时解决各类供应风险，确保全球项目及时交付。

中兴通讯关注可能导致潜在运行中断的事件及其影响，当事件影响程度已达到规定的上报标准时，按照突发危机事件升级管理流程，立即上报到公司业务连续性管理委员会，并持续报告事件处理进展，直到恢复完成及事后复盘结束。

此外，中兴通讯大力投入资源进行数字化供应链建设，开发上线了"供应资源风险地图"，全球任何区域一旦发生地震、火灾、极端天气等突发事件，通过该系统几分钟内就能识别到受影响的供应商、物料以及对产品的影响，从而更加快速地进行决策与应对。中兴通讯供应链韧性管理体系架构如图6-1所示。

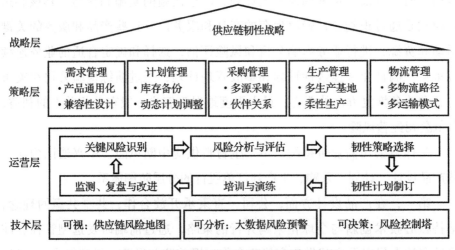

图6-1 中兴通讯供应链韧性管理体系架构

6.1.4 亨通：期现结合，应对价格冲击

2021年，采购人要么忙着应对供应链中断，要么忙着应对"涨价"，尤其是大宗物资价格的飙升，企业焦虑，采购不安。在这个时候，谈判、比价、招标似乎显得力不从心，为了管理不断变化的成本，一些企业想出了新的方法。

在亨通集团，涉及的大宗物资采购较多，包括有色金属（铜、铝）、黑色金属（钢铁制品）、塑料等。这些原材料市场价格波动往往比较剧烈。虽然可以预测价格，但无法控制价格。为了应对价格的冲击，亨通十分关注行情的波动，集团内部有专人跟踪，及时预警，并且建立了情报收集和汇报机制。

亨通提倡人人都是情报员，采购每天都会接触供应商的各种信息。每个采购部都要指定人员收集信息，并由专人汇总发到内部采购群共享。而在集团总部层面，品类负责人会专注收集各自负责的品类信息并及时共享。每个月，品类负责人会形成重点品类的行情分析报告，指导采购决策，为招标提供建议。

为了更好地管理远期成本，亨通在上海设有专门部门——期货集采部。每周日，期货集采部都会总结国内外情况并提出建议，包括基本预判以及一些注意事项、趋势变化等。此外，集团内部还有一套比较完整的套期保值制度，指导大家严格按照要求进行套期保值，避免风险。如果发现大宗物资价格波动厉害，采购会及时和供应商沟通，根据情况建议供应商备货，避免价格大涨时产生损失。此外，对于有能力的供应商，采购也会与他们一起商讨，做套期保值工作。对有能力和有资本的供应商，采购会预付一部分定金，让供应商备货、囤货，预锁定一部分现货。亨通通过和产业链上的供应商一起努力，规避了许多风险。

6.1.5　Resilinc：数字化提升供应链能见度

2011年的日本地震、泰国洪水，以及2013年的欧洲马肉丑闻等事件表明，很多公司对自己的供应网络情况知之甚少。供应的中断有可能来自二级、三级或是更加上游的供应商，供应链透明度的提升是一片蓝海。一些领先的企业如思科、IBM等利用数字化的工具绘制供应风险地图，提升风险能见度，从而更加主动地管理风险。

风险可视化可应用在多种场景中，例如，风险的级别可视，以便不同层级的风险触发不同级别的响应；风险的分布可视，地理位置可视，做到"心中有谱"；风险的影响路径可视，关联关系可视，缩短定位时间。

供应链弹性和风险管理解决方案的提供商 Resilinc 公司的 EeventWatch 工具可以 7×24 小时对社交媒体和新闻进行实时监测，包括与企业的供应链相关的地震、飓风、洪灾、网络攻击、供应短缺、工厂倒闭等，这些新闻事件会实时推送到手机终端。例如，地震或者飓风发生后，Resilinc可以根据突发事件对物料的影响给出提示，对受影响的供应商进行快速识别，并且评估风险得分，估算财务损失有多少，受影响的物料有几种。在确认受影响的供应商之后，还可以让采购方和供应商一起进入虚拟作战室开展事件的应急响应，实时沟通与互动。此外，Resilinc通过对供应链网络实现可视化来揭示链条中最脆弱的环节。无论是一级供应商还是二级，甚至二级以上的，无论是地震、火灾还是人员罢工等，在供应链风险地图上都能一目了然地展示出来。

戴尔公司之前需要花费数周时间来分析自然灾害事件带来的影响，使用Resilinc数字化风险管理工具之后只需要几分钟就可完成。这样，公司就有可能及早发现问题并预料到它的严重性，从而比竞争对手更早地确保供应、安排运输，并且将影响降到最低。而没有可视化分析工具的企业，可能还在手工统计上耗费时间。

近年来，国内一些软件公司也在大力投入风险可视化工具的开发实践。例如，用友的风险管理平台不仅将突发事件以地图的形式展示出来，还能形成风险事件报表，并且对风险的处置进程进行可视化，从而实现风险的闭环管理。

6.2 五大变量，未来不得不关注

全球新冠疫情加上世界百年变局，在给供应链带来冲击的同时，也在促进其韧性的加强。不过，虽然目前我们能看到很多关于供应链风险管理的领先实践，但是，未来供应链还会面临很多新的风险，一些可能是超乎我们认知之外的，而另一些，可能会颠覆我们当前的底层管理逻辑。

6.2.1 ESG的发展

ESG即环境（environmental）、社会（social）和治理（governance）单

词首字母的缩写。ESG 指标分别从环境、社会以及治理角度，来衡量企业发展的可持续性。具体来说，环境主要包含气候变化、可持续性等议题，社会主要包含多样性、人权等议题，而治理则主要包含管理架构、薪酬等议题。

与传统财务指标不同，ESG 指标能够更有效地衡量企业的可持续发展能力和道德影响，帮助投资者更好地预判企业未来的财务情况以及绩效。截至 2021 年 5 月末，全球加入联合国责任投资原则组织（UN-PRI）的机构已达到 4030 家，相较 2020 年 6 月底增加近 1000 家，呈现持续高速增长态势。

在我国，目前"碳达峰碳中和"已成为国家战略，中央层面成立碳达峰碳中和工作领导小组，《中共中央 国务院关于完整准确全面贯彻新发展理念做好碳达峰碳中和工作的意见》和《2030 年前碳达峰行动方案》相继发布，"双碳"工作顶层设计出台。在此大背景下，ESG 的概念也越来越受到社会各界的关注。

ESG 指数的提升，是人类社会进步与发展的必然趋势，也将给企业带来深远的影响，很多我们当前在做的，在未来可能将不被接受。供应链的管理者需要思考如何平衡 ESG 目标与企业经济增长的目标，如何开展"双碳"目标下的绿色产业升级转型，如何把握 ESG 投资增长下的时代机遇。

6.2.2 粮食危机

民以食为天，粮食是人类的生存之本。在新冠疫情、蝗灾和极端气候等多种因素叠加下，全球的粮食安全面临着巨大的考验。疫情下，已有多个粮食出口国采取了保护性出口禁令，给全球粮食供应链造成冲击，不少高度依赖粮食进口的国家陷入"粮荒"。

而 2022 年的俄乌冲突，让粮食供应链雪上加霜。根据联合国粮农组织统计，2021 年，俄罗斯小麦产量 8199 万吨，占全球小麦产量（77 618 万吨）的 10.56%；乌克兰产量 2903 万吨，占比 3.74%。在出口方面，2021 年俄罗斯出口小麦 4249 万吨，占全球小麦出口量的 21.99%，是全球最大的小麦出口国；乌克兰出口 2036 万吨，占比 10.54%。两国总计出口 6285 万吨，占比 32.53%。因为俄罗斯和乌克兰在全球粮食贸易中的重要地位，全球粮食供应链在叠加新冠疫情和俄乌冲突下危机加剧。而未来十年，地缘政治的冲突可能愈演愈烈。

联合国的研究报告发出预警，2020 年共有 25 个国家面临严重饥饿风险，世界濒临至少 50 年来最严重的粮食危机，预计到 2030 年，将有超过 8.9 亿人，即全球人口的 9.8% 受到饥饿影响，呼吁各国应对即将到来的粮食危机。

主要粮食的价格上涨可能影响到国家和地区政治的稳定性，还容易引发社会骚乱，如 2006 年和 2012 年墨西哥就发生因玉米价格上涨导致的骚乱事件。此外，粮食价格每上涨 1%，传导到普通商品上将会带来 5%～10% 的价格上涨，即粮食价格上涨会造成通货膨胀。对于各行各业的供应链而言，未来可能会面临较大的降本压力，需要提前关注并应对。

6.2.3 数据安全

目前，人类社会已经进入了一个数字经济的新时代。2021 年，中国的数字经济规模超过了 45 万亿元，数字经济占国内生产总值比例达 39.8%。2022 年 1 月，国务院印发《"十四五"数字经济发展规划》。数字经济和数字技术的发展，将成为供应链转型升级的核心驱动力，数据的价值将会被充分激发和利用，与此同时，会给供应链带来新的问题，即数据安全、数据质量、数据的隐私保护。

近年来，国家不断加强对网络安全、数据安全、个人信息的保护力度，发布了多个相关的法律法规。2022 年 7 月 21 日，国家互联网信息办公室依据《中华人民共和国网络安全法》《中华人民共和国数据安全法》《中华人民共和国个人信息保护法》等法律法规，对滴滴全球股份有限公司处人民币 80.26 亿元罚款。随着数字经济的发展，预计在未来，相关部门对数据安全领域的执法力度会越来越大。

2022 年 Gartner 发布了供应链战略性的新技术，其中数据结构、网络安全、隐私增强技术被列入，由此来看，数据治理是一个全球所关注的问题。对于供应链，我们需要考虑如何通过新的技术手段，来增强物流、信息流与资金流的安全性。

6.2.4 人口老龄化

在中国，步入老龄化社会是个不可阻挡的趋势。2018 年 7 月 19 日，国家卫生健康委员会党组成员、全国老龄办常务副主任王建军在中央和国家机关离退休干部人口老龄化国情教育大讲堂做报告时表示，预计到 2050 年前后，我国老年人口数将达到峰值 4.87 亿人，约占总人口的 1/3。随着我国劳动适龄人口数的明显萎缩，我国低成本制造业的地位也将面临越来越大的压力。

企业不得不面对新的问题，包括劳动力的短缺、不同的需求模式、制造中心的转移、新兴市场的崛起等。为应对这些挑战，企业一方面需要在关键岗位、关键人才、关键技术上做好储备，并且加速利用数字化、智能化技术替代传统劳动力，将确定性业务自动化，不确定性业务赋智化；另一方面，需要识别风险，把握机遇，适时对供应网络进行重构。

6.2.5 新兴技术

科技是第一生产力，科学技术的发展和产业的兴起是推动人类文明持续进步的动力。18 世纪 60 年代开启的工业化进程已从机械化、电力化、信息化逐渐演进到智能化阶段，人类运行逻辑与国家治理规律正被智能化的高速、高效与高频冲击。

2020 年 9 月，保定乐凯新材料股份有限公司发布了关于公司股票实施其他风险警示的公告，大致内容如下：截至 2019 年 12 月 31 日，热敏磁票销售收入占公司营业收入的比例为 70.59%，是公司最主要的产品；2020 年 6 月，国铁集团及其下属企业停止采购热敏磁票产品，公司"热敏磁票生产线"一直处于停产状态,且预计在三个月以内无法恢复生产;鉴于客票电子化持续推进,国铁集团及其下属企业存在永久停止采购公司热敏磁票产品的可能性,对公司营业收入、现金流和经营性利润产生重大不利影响,公司或将持续亏损,持续经营能力存在重大不确定性。

在未来,类似这种由于技术发展对企业造成影响的案例只会越来越多。随着颠覆式技术的涌现,企业甚至有可能不知道未来竞争对手会是谁。技术上的降维打击,将会给产业链、供应链带来巨大的冲击。

另外,在经济学中有个现象叫涟漪效应,指的是当发生新一代技术变革时,如果企业、行业甚至国家能够把握好新的技术变革,就会呈现出一个非常快速的经济增长趋势。但是,如果没有跟上新技术的浪潮,最多只能维持原有的经济水平,从而,在经济上产生明显的剪刀差。未来,新兴技术将会重新定义我们的商业模式,企业应该积极地去拥抱新的技术变革。

6.3 风险管理,必须构建的能力

未来是与不确定性共存的时代,供应链风险管理必然成为越来越多的企业所必备的关键能力。而供应链的风险管理不是一蹴而就的,它是一个系统工程。企业需要做好风险管理的顶层设计,从战略、战术,再到相应的流程、机制及技术等支撑层面进行系统性的规划,构建一套全方位的供应链风险管理体系。千丈之堤,以蝼蚁之穴溃;百尺之室,以突隙之烟焚。供应链管理要从以突发事件为主的被动反应模式转变为主动管控风险的价值创造。面向未来,企业应具备风险管理的三大核心能力,即预判能力、免疫能力和适应能力。

6.3.1 预判能力

预判能力能够让企业提前识别风险,以便及时加以应对。风险的本质是不确定性,对于不确定性,很多供应链的管理者靠经验做决策和预判,但是随着企业规模越来越大，业务场景也越来越复杂，就应该向数据驱动型决策转变，将"不确定"变成"相对确定"。

在智能时代，数据成为企业的重要资产。供应链数据资产不仅包括 ERP 中的订单、交货、库存等交易数据，还应该包括企业内外的半结构化和非结构化的"大数据"，来源包括地理位置、新闻网站、电子邮件、音频文件等。充分利用这些数据，将为供应链风险管理带来巨大的价值。例如，先进的汽车企业会对这些宝贵的数据进行分析与洞察。通用汽车公司通过监测社交媒体关于汽车潜在缺陷的报道，来提前识别质量风险；宝马公司通过数据挖掘来评估供应商的交付业绩和当前财务状况，进而预测未来零部件的短缺。

未来，越来越多的企业将基于自身丰富的数据积累，构建基于大数据的风险分析与预警模型（见图 6-2），并结合业务实际，对风险管理的领先指标和滞后指标进行监测与分析，对风险进行提前预判。

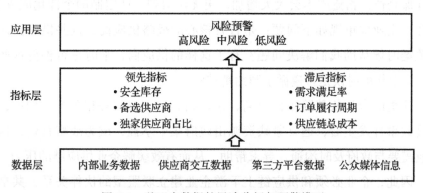

图 6-2 基于大数据的风险分析与预警模型

在风险管理领域，如果只是靠人，根本无法对企业业务中的风险进行全面而及时的识别和管控。数字科技正在并必将取代很多供应链管理者的工作，而且做得比人更好。不过要想让大数据和云计算在风险管理领域真正创造价值，还需要"大脑"的支撑，也就是算法，而目前企业里面能将业务决策逻辑抽象为模型的人才奇缺。我们未来需要的不是催货的人，而是能运用算法和模型来自动化识别交付风险的人。未来的计划员可能转型为大数据分析专家，而采购人员中会出现一批建模专家，能够通过风险模型准确地预测交付风险。因此，我们需要将比较优秀的供应链人员培养起来，适应数字化的世界，除了会利用数字化的手段解决业务问题，还能跟机器互动，帮助机器学习。这些数字化的供应链人才将会得到很高的薪资。

6.3.2 免疫能力

即便拥有了很强的预判能力，但是很多时候，风险事件也不可避免地会对企业造成冲击，因此，企业需要提升自身的免疫能力，使得冲击尽可能地变小。而未来企业与企业之间的竞争，更多的将是生态圈与生态圈的竞争。只有跟生态圈的合作伙伴形成共生共长的关系，才有可能强链、壮链。

如果企业在选择供应商时，一味地追求低价，在危难时刻，便很难保证得到供应商的支持。例如，在疫情期间仓位运力严重不足的时候，就很难确保仓位，物流成本会大大增加，更无法得到一些定制的个性化服务了。因此，企业要审视如下问题：是否有核心的战略供应商，这些供应商能否在关键时候帮助我们解决问题？有了这样的供应商，平时是否善待这些供应商？合作的时候是否遵循了契约精神？

这里的合作伙伴除了供应商，还包括客户、政府等相关方。例如，重大公共事件发生后，通常紧缺资源由政府集中掌握，成为战略物资，这时企业需要与政府及时沟通，寻求帮助，从而有效缓解企业供应链的压力。

因此，企业必须和供应链上下游企业建立联盟型的伙伴关系，共享数据、技术、资金、人力优势，为企业产品带来更大的竞争优势。为此，供应链组织需要设计好配套的利益分配机制、契约机制、激励与保障机制、风险共担机制等，与合作伙伴共享共赢。

此外，在智能时代，各类数据（供应商的数据，制造商的数据，消费者的数据，产品设计、开发与生产的数据，消费者的购买与使用数据）被打通、共享和利用。越是战略性的伙伴，互联互通的程度也越深，一个智能共同体的新时代即将来临。

6.3.3 适应能力

在不确定的新常态下，打造对风险的适应能力显得十分重要。如何更好地拥抱不确定性，如何更加敏捷地应对不断变化的环境，如何培养新时期的风险管理人才呢？

1. 主动理解，形成拥抱不确定性的文化

日本经济大学经营学院院长后藤俊夫提到，企业最大的风险，就是经营者意识不到风险。风险管理意识和敬畏之心的缺乏往往会给企业带来非常可怕的后果。风险管理的软文化至关重要，而文化应该更加具有包容性，让人人都能成为风险的管理者。

很多企业的文化是命令式的，员工不太可能开诚布公地讨论存在的问题，这对风险管理极为不利。企业文化应更加具有包容性，鼓励员工发现问题与缺陷，融入他们的知识、观点和看法，这样更有利于组织全面掌握风险。管理者应该重新审视组织的奖励机制，想办法去驱动"主动识别风险""风险应对提案"等事前行为。

2. 主动协同，建立赋能型的风险管理组织

管理大师德鲁克指出："组织不良最常见的病症，也就是最严重的病症，便是管理层次太多。组织结构上的一项基本原则是，尽量减少管理层次，尽量形成一条最短的指挥链。"同时，德鲁克也预测到："未来的企业组织将不再是一种金字塔式的等级制结构，而会逐步向扁平化组织结构演进。"

在充满不确定性的时代，当组织面对的商业环境越来越充满不确定性时，如果死守着原来的控制权不放，那么便会丧失对一线的敏感度，造成效率低下。而随着数字化技术的快速发展，信息会变得越来越透明。因此，当下组织要做的不是一味地通过增加审批或者增加管理层级来加强控制，而是通过更合理的授权和更精准的赋能，来实现更有效的控制，让每一层业务单元发挥自己的主观能动性，去面对复杂多变的环境。只有建立更加敏捷的组织，才能更好地适应未来的新常态。

3.主动洞察,培养风险敏感性人才

在未来,风险管理关乎每个人,人是决定因素。专业的风险管理人才需要具备风险的意识,对风险保持敏感,具备训练有素的应急素质,并且能够掌握数字化的工具。

专业的供应链人士需要敏锐地洞察商业环境的变化,对市场的风吹草动保持敏感性,对各种指数进行研究,关注政策动态,并且做出相应的判断,将有用的信息转化为商业决策的输入。

此外,平时需要多关心供应商,多到供应商现场走访,与其高层保持密切的沟通,对供应商的重大变化保持敏感,及时了解供应商的股东变化、高管变化,以及对外投资和并购重组等经营变化,预测可能存在的风险,及时采取有效的对应措施。还可以借助第三方平台如企查查、天眼查、启信宝、邓白氏、中国人民银行征信中心等,来获取有价值的信息,查询并确认供应商是否存在风险。总而言之,合作伙伴的风险也是企业的风险,未来专业的供应链人士需要更加向前一步,主动作为。

面对重大突发风险事件时,专业的应急素质也越来越重要。不专业者,手忙脚乱;而训练有素者,能有条不紊地进行应对。应急供应链管理较传统供应链管理,工作难度和复杂性更高。紧急事件发生前如何做预案、如何做演练,事件发生后如何紧急应对、如何管理舆情,这些都需要专业的应急管理知识与技能。针对不知道的,引入专业培训;针对不愿意的,从利益上进行重新调配;针对不能够的,利用技术手段来解决。风险应急管理人才尚为社会紧缺人才,企业应积极培养、储备和引进。

Gartner 最新的研究表明,许多供应链领导者摆脱当前危机的束缚后,都将提高供应链恢复能力作为他们的首要任务。新冠疫情暴发后,许多企业面临投资者、监管者和其他利益相关方的压力,要求其提高抵御外部冲击的能力。

复杂多变的环境加上利益相关方的压力,无不驱动着供应链组织更加主动地管控风险。唯有更加主动,为未来的冲击和动荡做好准备,才能在不确定性的环境下,打造供应链的核心竞争优势,守护企业并创造价值,实现商业可持续。

第7章

供应链创新
从"降本增效"到"竞争优势"

---- 导 语 ----

如今,降本手段几乎用尽,创新成为推动企业发展的第一动力。但不要动辄追求颠覆式创新,只要与以前不一样,与他人不一样,就是创新。敢用新技术,优化"三个流",就是供应链管理创新。也不要为了创新而创新。提升客户价值,满足社会需求,打造供应链竞争优势才是创新的正确追求。

在 KPI 的约束下，采购总是设法压低采购价格，但有时为了满足"客户希望的缩短交付周期"，却不得不提高采购价格。尽管采购不愿意，但为了整体的交付需求，在高层干预下不得不执行。供应链创新需要注意两个准则，一是有效，二是自觉。"有效"是指对提升企业竞争优势"有效"，一味地控制成本，不一定会有助于增加"优势"；"自觉"是指对开展创新要自发自愿，总是需要高层干预，很难有"有效"的方案，尤其是需要突破单一职能、进行"端到端"贯通的创新方案。

供应链创新的"自觉"和"有效"，要求对链条及构成链条因素的改进、优化，不能以牺牲链条任一方的利益为代价来提升另一方的利益。这非常类似于经济学上的"帕累托改进"，即"在没有使任何一方境况变坏的前提下，通过改变现有的资源配置，使得至少一方变得更好"。

7.1 盘点当下的供应链创新

2020 年 9 月，习近平主席在第 75 届联合国大会一般性辩论上表示"中国努力争取 2060 年前实现碳中和"。2020 年 10 月，《中共中央关于制定国民经济和社会发展第十四个五年规划和二〇三五年远景目标的建议》中强调，"广泛形成绿色生产生活方式，碳排放达峰后稳中有降，生态环境根本好转，美丽中国建设目标基本实现；形成对外开放新格局，参与国际经济合作和竞争新优势明显增强"。2020 年 12 月，中央经济工作会议提出"要紧紧扭住供给侧结构性改革这条主线，注重需求侧管理""形成需求牵引供给、供给创造需求的更高水平动态平衡"。

"碳中和"的目标要求"绿色生产生活方式"，"开放新格局"要求新的合作方式和新的竞争优势，二者直接增加了实现供给与需求动态平衡的难度，而这一切都需要微观层面的企业供应链创新来支撑。

从砍价降本、控制库存降本到研发降本，从单打独斗、部门协同、企业协同到端到端贯通，从显性优势到隐形优势，从经验摸索到数字化支撑，供应链创新所起的作用越来越大。看似简单易学的无差异优势，实际上是很难学到的独特优势。

7.1.1 降本增效与竞争优势

在高速发展的时代，企业以增加营业收入为主，市场销售部门为此进行了各种各样的努力。传统时代，以广告轰炸、店铺促销为主；"互联网+"时代，想方设法吸引流量，意图通过流量来增加收入，比如2020年上半年一度流行的"网红直播"。

供小于求的时代只要造出来就能赚钱，进入供大于求时代之后，企业开始设法控制成本和提高效率，"降本增效"一度成为企业管理创新的中心词。随着环境不确定性的增加，"灰犀牛""黑天鹅"日益为公众所知晓，风险控制逐渐受到企业管理层的重视。

伴随着上述一系列变化，供应链创新的目标也经历了不断演化，由降本，到增效，再到吸引和留住流量，直到现在的风险控制，并且最终演化成对由"控制成本、提高效率、增加收入、降低风险"共同构成的"竞争优势"的追求上。

"降本"通常有两个层面的表现，一是为了降本而降本，二是为了保持价格优势而降本。

为了降本而降本，极有可能导致偷工减料。在各种生产要素价格都不断上涨的背景下，还要求供应商降价，会导致两种后果，一是采供双方关系紧张，一直处于敌对状态；二是供应商为了保持自己的利润空间，设法"偷工减料"。

为了保持价格优势而降本，会从客户定位、材料选择、产品制造、交付过程、售后支持、供应商选择等方面把"成本"作为第一考量。

"增效"即"增加效率"，通常是为了"更高效地正确做事"。"正确地做事"需要"做正确的事"来把控前提，否则就会适得其反。比如，单纯增加生产效率，结果产生了大量的产成品库存；之前拼命地增加物流效率，结果超出了客户的需求（如客户上班时间就得去取快递），结果造成了大量浪费。

通过一系列优化，成本降下来了，效率增上去了，但风险发生的概率也随之提高了。"最优化的可能最脆弱",平时尽可能地追求低库存,发生危机的时候,应对策略捉襟见肘。

客户需求的不是供应商提供的产品,而是产品具有的功能,或者是围绕产品提供的满足客户需求的解决方案以及解决效果。竞争优势,就是比竞争对手给客户带来更好体验的同时,企业自己还能有所获得。为了构建竞争优势,企业供应链围绕"控制成本、提高效率、增加收入、降低风险"进行了各种各样的创新。当然,降本增效过程中积累下来的方法非常宝贵,是构建和保持竞争优势的坚强基石。

7.1.2 供应链创新与应用的关系

2017年10月,国务院办公厅发布《国务院办公厅关于积极推进供应链创新与应用的指导意见》。"供应链创新"出现在国家文件的标题里,可见其重要性。供应链创新,怎么创新?供应链应用,应用什么?总体感觉,应该是"应用"在前,"创新"在后。没有"应用",如何谈"创新"呢?在应用供应链管理理论和供应链思维来提升供应链运营能力的过程中,会发现很多不合适、不经济、不如意的地方,这就需要"创新"来完成。

"创新"有很多方面,也有很多方法,但具体到"供应链创新",从实务角度,可以分为"供应链环节上的创新和供应链约束下的创新"两个维度。

供应链是指"从供应商到客户的一系列供需环节组成的链条"。把从供应商处获取的原材料制成成品后提供给客户,需要经历太多的环节。提升供应链能力的创新,可以发生在任何一个环节,如产品结构改良、材料替代、供应商更换、生产线调整、设备升级等。具体到实际企业,这些创新都是难度极大的,是企业非常重大的举措,属于突变式创新。如2016年秋海绵大幅涨价,某创业中的沙发企业压力巨大,当有人建议采用其他材料替代时,企业负责人立即驳回,材料改变几乎不可行,因为这将引发设备、产线的重大调整。

"重大突变式创新"不常有,"微小渐进式创新"却经常有。创新,牵一发而动全身,即便是微小创新也不容易,需要在供应链上下游的约束下进行。举一个简单例子,托盘上货物层数的调整,需要考虑到包装工人、包装设备、统计系统、叉车司机、仓库地面、产品特性、货车司机、交规限高、集装箱高度等一系列因素,其中任何一个环节考虑不周,都可能导致整个创新失败,并且很有可能会引来同事的非议、领导的不满。

创新,免不了要与部门、同事和领导打交道。一旦涉及人,原本简单的事情,就有可能变得不简单了,即便是"微小渐进式创新"。有一次,看到某大型企业采购负责人在朋友圈晒出了这么一段文字:"经过近大半年的努力,和技术协商沟通、和客户沟通,终于把铝板的型号规格从之前的将近四十个降低到了现在的五六个。产品的标准化对于成本控制非常有效,但是知易行难,最关键的是采购部必须有强大的执行力和沟通能力去说服相关的技术部门去改革,推动销售部门去说服客户接受我们推荐的产品规格,而不是客户自行指定的型号。"

"减少原材料型号,可以增加采购批量,从而有助于控制成本",理论上非常简单,实际中却耗费大半年,真的是"知易行难"。

7.1.3 基于 SCM321 模型的创新

宫迅伟老师提出的 SCM321 模型,概括了供应链包含的三个流、两条主线和一个突破口,并指出人的问题是其中的关键,信息流问题解决了,供应链问题就解决了一半。三个流是指实物流、资金流和信息流,两条主线是指组织之间高效协同、供需之间精准对接,一个突破口是指交付周期。

具体到一个企业,所谓创新就是干自己之前没干过的事,包括区别于竞争对手的事,以增加客户价值,进而强化或夯实企业的竞争优势。供应链创新就是通过调整供应链三个流上的各个环节,促进供需对接更精准,组织协同更高效,产品交付更柔性。

对接精准、协作高效、交付柔性，这三个供应链理念其实早已有之，不少企业已经取得了突破。例如，韩都衣舍秉持问题导向，不断调整供应链模式，在摸索中实现了一次又一次的升级。互联网品牌因信息技术而生，进一步发展的数字化技术更是让其如虎添翼，让之前做不到的事情逐渐变成了现实，如伊芙丽的"3天翻单7天翻新"和"客户反馈实时收集"。

当然，数字化对供应链创新的影响远不止这些，大的层面可以增强企业内部的供应链赋能能力，倒逼企业外部供应商不断升级；小的层面可以让产品不只是使用价值传导，还具有客户需求反馈功能，让"千人千面"不再是憧憬，而且可以借由成果确权让员工努力程度可视化，让员工在分享知识时不担心付出得不到回报，进而激发出创造积极性；数字化还可以促进从宏观到微观的贯通，实现"以较低成本快速地满足多品种、少批量的个性化客户需求，且企业还能赢利"的"新制造"范式。

7.2 问题导向，让模式更契合

"无论多大的企业，其实都是从一个很小的原型中发展而来的。"阿里巴巴前参谋长曾鸣教授在《智能商业》中强调，"这个世界上没有生而知之的人，没有人能够提前预见如今的时代，预见未来十年后的环境和市场。"一切模式都不是凭空设计出来的，而是企业在不断解决面临问题的过程中逐渐演化而成的。互联网著名女装淘品牌韩都衣舍的供应链模式就是在不断摸索中形成的。

7.2.1 韩都衣舍在懵懂中起步

1. 意外获得流量

2008年，韩都衣舍创立。因为资源有限，企业只能做代购，老板赵迎光把重心放到培养买手上，招揽一批刚毕业的大学生，将韩语专业和服装设计专业的人搭配在一起，从韩国3000个服装品牌中挑选出1000个，分给 40 个人,每人每天从 25 个品牌的官方网站上挑出 8 件新品,这意味着每天有 200 款新品。

当时,淘宝搜索是按刷新时间排序的,原本老板只是想使产品充足、新鲜,却没想到赢得了流量。

现如今,很多企业仍在为吸引流量而努力。

2. 后台调整运营

尽管能引流是本事,但真正有价值的是把流量变现。随着访问人数的增多,下单数也快速增加,代购模式的硬伤凸显,如客户等待时间过长,经常断货断色断码,商品性价比不高。雪上加霜的是,选款师没有经营意识和竞争意识,上完新款之后,客户下不下订单,这款衣服能卖多少,跟他没什么关系。

于是老板赵迎光做出调整:第一,从"代购商品"转为"代购款式"。选款师像从前一样选出款式,然后交给生产部门采购样衣,打样,选料,在国内找工厂量产。第二,不再要求每个选款师固定盯 25 个品牌,而是全部打乱,相互之间开始竞争,培养选款师的经营意识和竞争意识。

3. 试点"小组 + 分成"

每个选款师都希望上更多的产品,却不注意库存积压问题;只选图片上传,选款师们对是否缺货并无太多考虑。

于是老板抱着试试看的心理,给了一个选款师 2 万元,让她自己决定生产件数、颜色、尺码,一旦赢利,公司和她分成。但很快发现这种尝试有问题:第一,隔行如隔山,选款师是设计专业出身的,你让她去搞运营,终究是不行的;第二,人的精力是有限的,就算某个选款师有经营天赋,但是他又要选款,又要考虑那些经营的事,难免哪头都顾不好。

于是,老板把经营事务剥离了出来,但不是像以前那样,剥离给公司的生产部,而是给每个选款师配上视觉人员和运营人员,组成经营小组。

几个月后,这种"小组 + 分成"模式的优势开始显现了,经营小组的积极性上来了,他们不仅可以找到韩国最新的时尚款式,还能找到相对靠谱的代工厂生产,降低了成本,把控住了质量,库存周转也快起来了。

7.2.2 韩都衣舍在摸索中完善

1. 验证"小组+分成"优势

为了证明"小组+分成"模式是否真的具有优势,老板赵迎光索性在内部做了个试验,成立了两套班子:一套按照传统服装公司设置三个部门,即设计师部、商品页面部以及对接生产、管理订单的生产部;另一套是把三个部门的人打散,每个部门抽出1个人,3个人成立1个经营小组,总共10个小组。

两套班子同时开工,3个月后,传统班子被停掉,公司开始采用效率更高、绩效更好的经营小组(选款师+视觉人员+运营人员)模式。

2. 加大"小组"自治

时间到了2011年,韩都衣舍有了70个小组。小组一多,原来可以调配的资源没法调了,出现了一系列问题,例如,公司内部的推广资源如何分配?店铺的首页放哪个小组的产品?

老板索性给每个小组更高的自治权,款式选择、定价、生产量、促销全都由小组自己决定,小组提成根据毛利率或者资金周转率来计算,毛利和库存成了每个小组都最关注的两个指标。

因此,在韩都衣舍的淘宝店里,并不会有统一的打折促销,而是每个小组根据自己商品的情况做出促销决策,以保证毛利率和资金周转率。

对于首页资源,它有一个内部资源市场化的机制:成立6个月以上的小组,可以竞拍位置;成立6个月以内的,首页拿出专门的位置,让大家抢,谁手快谁抢到。

最重要的财权完全放开,每个小组的资金额度自由支配,而这个额度又与小组的销量直接挂钩,卖得越多,额度越大。

在韩都衣舍，本月的资金额度是上个月销售额的 70%。比如上个月有一个小组卖了 500 万元，500 万元的 70% 是 350 万元，那么这个月该小组可以用 350 万元去下新的订单。

3. 竞争激发活力

韩都衣舍每个小组都必须有很强的危机意识。假设一个小组 5 万元"起家"，小组一定不会把这 5 万元都用去下订单。因为如果卖不出去，就再没有使用额度，小组必须开始卖库存。如果库存卖不出去，这个小组就没有额度，甚至会死掉。死掉之后就面临"破产"和被"重组"。

它会对各个品类的小组进行竞争排名，排名前三的会得到奖励，后三名会被打散重组。这样，每个小组都是一个竞争因子，几乎就是一个小公司。

4. 绩效驱动组合

为更好地解决内部资源分配问题，韩都衣舍进行了整个公司的全面小组化。产品小组若是觉得之前对应的摄影小组不够好，那就换一个；若是觉得生产部某个小组协调得力，就会给其分配更多任务，那个小组就会有更多收入，也会更有动力。各个小组就像标准配件一样，可以自由对接，也确保了大多数人员的收入能够跟市场绩效挂钩。

5. "小组"模式升级

从 2012 年到 2013 年，韩都衣舍拥有 200 多个小组、7 个品牌，服饰每年将近 2 万款，这就需要全局规划和单品精确管理。所以，它的小组制又进化了，创建了单品全流程运营体系，在公司层面成立企划中心，用售罄率倒逼各个单品进行生命周期管理，并统筹全局。

所谓单品运营，就是以单款来考虑，一款衣服从设计到销售的全生命周期都有专人精心维护。每个月每个小组平均经营七八款衣服，每款给什么位置，做什么搭配，冲击爆款能到什么程度，库存水平到什么状态需要打折，都有成熟的方案和方法支撑。

现在韩都衣舍的售罄率能够达到95%，这在服装行业是很厉害的，尤其是在每年2万款的情况下。韩都衣舍为了做到这一点，将产品分为爆、旺、平、滞四款。爆款（韩都衣舍的爆款不是传统企业的那种动辄几万件，能卖2000件，在韩都衣舍就是爆款了）和旺款可以返单，平款和滞款必须立即打折促销，而且要在旺销时间，稍一打折就会售出，等到了季末，需要清仓的恶性库存自然就很少。这样一来，整个供应链反应更灵敏，品质也更易控制。

综上所述，小组制可以做到大的共性与小的个性相结合，所有非标准化的环节，如产品的选款、页面制作、打折促销，全部由小组来做；标准化的环节，如客服、市场推广、物流、市场、生产等，由公司来做。

7.2.3 韩都衣舍的平台化模式

复盘一下韩都衣舍的"小组+分成"模式。经营小组不是由普通职员构成的，而是由极具"创新思维、创造能力和创业精神"的，来自不同领域的若干位"创客"自愿组成的"小微创客组织"，他们与客户密切互动，对市场高度敏锐，可把客户的个性化需求转换为可实现方案，工作具有极强的专业性。"小微创客组织"提出"可实现"方案之后，还需要利用供应链整合的资源来真正实现方案，当然在提出方案的过程中，"小微创客组织"便可以利用供应链整合的资源，或者根据需求要求供应链整合新的资源。**供应链在这里除了要具备整合资源的功能，还需要具备"赋能"的功能，支持"小微创客组织"实现满足客户需求的方案。**

整合资源是平台的属性，未来企业内部供应链组织将会以平台的形态存在（见图7-1）。它既不同于解决行业痛点的B2B平台，也不同于企业内部的采购平台，而是需要在人才、资金、原料、产能、物流、运营等方面赋能小微创客组织的多功能平台；它不仅集成内部资源，而且还得广泛连接外部供应商资源（既可以直接连接，也可以通过外部第三方B2B平台连接）。在制造领域已经出现了类似的模式，如阿里巴巴的"淘工厂"、海尔的"创客加速体系",以及一直受国内企业追捧的"阿米巴生态体系"。

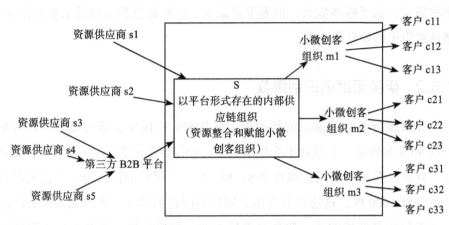

图 7-1 以平台形式存在的赋能型内部供应链组织

注:未来供应链形态整合了 S2b2c、阿米巴、供应链中台及 B2B 的主要思想;黑色框是企业内外分界线。

7.3 数字化,让快反更精准

同韩都衣舍一样,以有良好文化背景,讲究生活品位,25～40 岁都市女白领为主力消费群体的伊芙丽也非常注重以"商品企划"拉动供应链运作,并更加注重数据在其中的作用。

7.3.1 伊芙丽采集客户数据

快时尚的"大脑"是商品企划。以往一年两次的商品企划节奏远远跟不上潮流的变化,究竟什么款能成为爆款,单凭个人的能力去预测是很困难的。"如果预测不准,就会造成大量的库存积压,畅销款也追加不了,最终导致大量的利润损失。"

对于伊芙丽这样一个每年推出 5000 个新款的服装企业而言,最重要的是信息数据的采集,以及基于这些数据的智能决策。伊芙丽一方面利用天猫开放的消费者数据给用户画像,从中寻找规律,抓取流行点;另一方面试点开设"智能门店",店中设有摄像头,货品上有物联网传感器,顾客拿起哪些款式,试了哪些款式,偏爱哪些款式,这些数据都可以被采集和记录,然后被用于指导商品企划。

7.3.2 伊芙丽试销识别爆款

在女装行业每年推出的新款中,只有 5%～10% 会成为爆款,而其余的约 90% 卖到某一个量就不会再增长了。假设伊芙丽有 2000 家门店,如果每一款衣服在每一家门店都要上 S、M、L 三个尺码的话,每一个款的起订量就得有 6000 件,这还没有考虑到同款不同色的情况。所以如果所有的款在所有门店都铺货的话,数量是很惊人的,如果滞销,就会造成大量的库存积压。

因此,准确得知什么是爆款,并且以最快的速度追加生产爆款,这对女装行业的盈利非常重要。要想得知哪些款能成为爆款,凭经验去判断是很难的,最重要的方法就是基于数据的试销。

"伊芙丽每年有 2% 的款式会卖出常规量的 10 倍以上,这也是盈利的主要来源,它们都是通过'试销'被快速识别的。"为了能够快速"试"出爆款,商品企划需要连同商品销售一起进行。伊芙丽将线下门店分为 A 店和 B 店,同一个城市兼有 A 店和 B 店,两种店铺分别推出不同的新款,再交换组合,观察哪些款式畅销。滞销款立刻停止生产,并在 30 天之后直接打折清理掉;而畅销款则快速追单,保证供给。

通过这种方式,伊芙丽把畅销爆款保留在门店中,而将普通款和滞销款送到折扣店。"门店的固定成本不变,把爆款放到店铺,让导购直接推销,转化率会大大提高。又因为消费人群的价值偏好和支付能力不同,在门店滞销的款式,到了打折店打五折之后,往往也成为爆款。"

7.3.3 伊芙丽快反破解顽疾

库存积压严重是纺织行业固有的顽疾,即便是 Inditex(Zara 的母公司)

和H&M这样的世界大牌，Gartner连续几年观察下来，其年度库存周转率也未曾超过5，国内企业更低。在一年两次的订货会（春夏季、秋冬季）上经销商提前向服装企业预订，而订货的款式和数量依靠经销商对于市场的经验来判定。经销商往往订购较多的成品以备缺货，服装企业也生产较多成品以备补货，形成库存需求的扭曲性扩大，从生产开始就不断放大了原料需求和成品的库存。

提前6~12个月开始做商品企划，很难精准。这么长的战线，一来很难抓住快速传播的潮流趋势，二来也不能适应新生代消费者的习惯。伊芙丽通过摸索和测算，确定了"快反"节奏：第一批货满足7~10天的销售，之后根据销售情况进行追单，一般3~7天追一次，这样既可以满足销售需要，也能把库存压到最低。

伊芙丽不设储存仓，只有流转仓，货品在其中留存不超过24小时。全年52周每一周都会上新款，在除1、2月之外的10个月中均设置了"快反"节点，少量试水，迅速翻单，这使得伊芙丽基本实现了"零库存"。

7.3.4 伊芙丽倒逼供应商优化

传统女装的生产流程是"打包"式的，成百上千件半成品衣服，完成了一道工序之后，被打包发给下一道工序的生产线。以这种模式生产，一件衣服从打版剪裁到最终成衣，需要将近半个月。这种节奏显然无法适应"快反"的要求。为了能在最短时间内出货，伊芙丽改进了生产流程，让衣服以单件为单位通过流水线，在设计敲定、面辅料到位的前提下，最快10小时就可以做出成衣。

伊芙丽跟面料供应商洽谈，让供货商备坯布，因为色彩和花纹的流行变化很快，备好坯布就可以快速地染色印花，避免大量备成品面料色彩花样过气的问题。伊芙丽自己则在此基础上备料不备款，如果一个款不好卖，多备的面料可以用于生产下一个新款，避免浪费加工成本。

伊芙丽90%的面料都是定制的，如果要求面料供应商事先备货，供应商会承担一定的风险,因此它们的意愿不高。2012年、2013年伊芙丽跟供应商谈备料的时候,供应商不理伊芙丽。但是随着快反越来越普遍,包括很多电商品牌都提出此类要求,供应商被迫配合。后来,很多供应商在快速翻单里尝到甜头。在2014年、2015年跟供应商再谈快反时,供应商就比较愿意接受了。

针对成衣供应商,伊芙丽则采用"做极致的单品"战略,不要求成衣供应商备20～30个款,但要求成衣供应商备好某一件单品的面料,以便在有需要的时候快速生产。"伊芙丽有30个供应商,在10天里让每家出100～200件衣服,它们是可以做到的。2016年、2017年间,成衣供应商帮伊芙丽分担了很多成品供应的问题。"

7.4 在线,让供应链更柔性

隐秘3年的"犀牛智造"2020年9月中旬因入选"灯塔工厂"向世人亮相。入选"灯塔工厂"本身就是对犀牛智造的肯定,接下来以此为样板会有很多"智能制造"工厂产生。淘宝网连接了消费者与经销商,淘工厂连接了经销商与生产商。生产商内部如何数字化,如何在线化,犀牛智造积累了经验。至此,阿里巴巴几乎掌握了从消费者到生产商的通路数字化能力,供应链"在线"基本可以实现。随着犀牛智造模式的复制和在线供应链生态圈的丰富,面向个性化需求的供应链柔性交付能力将大幅增强。

7.4.1 淘工厂原本是平台

"淘工厂"的概念最早见于2012年,2013年10月阿里巴巴旗下的1688事业部把淘工厂作为淘宝网的延伸正式开始推广。

淘宝网是消费者(买家)与商家(卖家)对接的平台,淘工厂是商家(卖家)与厂家(工厂)对接的平台。淘工厂的"淘"与淘宝网的"淘"是同一个意思,就是"寻找",消费者在淘宝网上寻找称心的商品,商家在淘工厂上寻找合适的厂家，即有生产需求的商家到平台上寻找生产供应商。寻找当然是相互的，生产厂家也要寻找合适的商家，为了获取商家订单也愿意上平台发布自己的生产资质和生产能力，有一些还经常更新自己的空闲产能。

7.4.2 淘工厂改造的实时连接

消费者在淘宝网上购物后总会关注物流进度，也很担心商品质量，越贵重的商品、越急的需求，关心和担心的程度越大。商家也一样，在淘工厂上向生产供应商下订单后，也非常关心生产进度和担心产品质量，需求越火爆的商品，关注和担心程度越大。虽然淘工厂平台对生产厂家的表现有评价和奖惩机制，但事后"算账"总不如事前、事中监督来得更有效，淘宝网商家有实时关注生产厂家情况的需求。

针对这一需求，2018年阿里巴巴的1688事业部推出"淘工厂新制造项目"，宣布将联手阿里云IoT团队走进车间，通过部署IoT设备对服装工厂进行数字化改造。时任阿里云IoT总经理库伟认为，"淘工厂选择的加装摄像头进行视觉分析收集数据的方法是一条低实施成本、低侵入式的路，建立产能监控体系是数字化工厂的基础"。淘工厂项目负责人在2018年就表示，"已经帮超3万家工厂实现基于海量大数据的精准匹配，让优质工厂获得精准客户资源，减少因供需不匹配造成的时间和资源浪费"。

7.4.3 犀牛智造的生产在线化

"犀牛制造"几乎与淘工厂改造项目同步启动。被揭开神秘面纱的犀牛智造向世人展示了高大上的炫酷场景——一个拥有机械臂和蛛网式吊挂系统的样板工厂，不同品牌的衬衫、T恤等秋季款在同一条生产线流转不停，据说是"将人工智能、IoT等技术应用到了生产车间，全部打通了工艺数据、产能数据、生产线数据，并可以用产生的数据来决定工人的调度问题……"。

但真正有价值的，可能不是这些，而是对制造智能化和生产在线化的成功实践。犀牛智造 CEO 伍学刚明确指出，"未来要做两件事情，一是面向数十万个淘宝商家，以销定产，做到小单快反，解决服务和成本难题；二是赋能服装工厂，通过犀牛样板间，将数字化生产模式'移植'给成百上千家工厂，让工厂生产流程数据化和透明化"。

搭建平台是阿里巴巴的看家本领，掌控数据是阿里巴巴的命脉所在。犀牛智造不可能承接太多品类的服装生产，智能化改造的巨大投资和长周期回报让大多数服装工厂望而却步。犀牛智造在实践探索中应该会找到真正让工厂生产在线化的解决方案——每块面料都有自己的身份 ID，进厂、裁剪、缝制、出厂可全链路跟踪，设备忙闲、生产排期、产前排位、吊挂路线都可以实时获取。

7.4.4 "新制造"还差生态和贯通

"新制造"的目的是能够以较低成本快速地满足个性化需求。满足个性化需求需要定制化制造，这个在很早以前就能实现，但是很难以低成本和快速来实现。利用数字技术，以柔性供应链为主要特征的"新制造"有望实现。

柔性供应链，即新制造场景，早在 2012 年，具有淘工厂特性的辛巴达就已经勾画好了（见图 7-2）。

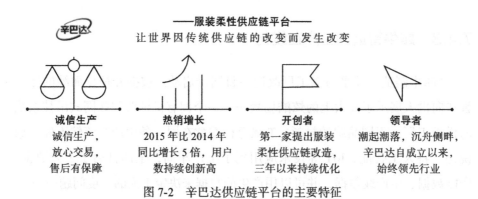

图 7-2 辛巴达供应链平台的主要特征

2015年是辛巴达的鼎盛期，当时它就声称做到了"50件起生产，首单7天起，补单3天起，99%产品合格率和98%及时交货率"。而5年之后，入选"灯塔工厂"的犀牛智造才达到"100件起订、7天交货"的快反能力。"柔性供应链""新制造"，说起来容易，实现起来难。之前计划"通过部署IoT设备数字化改造服装厂"的淘工厂改造项目，阿里巴巴的1688事业部确认已经停止，当初被大力宣传的样板企业对此也避而不谈。

淘工厂提出要致力于打通"制造与消费"，淘工厂改造项目进一步强调"系统将工厂和商家自动匹配成组，由订单协同虚拟机器人在线进行生产计划管理并自动跟踪生产任务"，两者都是"多对多"。

而犀牛智造好像是退回去重来的"多对一"，到真正实现"多对多"还需要付出相当大的努力。犀牛智造虽然可以满足多品类服装生产的需求，但相对于品类众多的服装行业来说还是"小巫见大巫"。未来的模式，不是一家智能制造企业就能生产非常多品类的服装，而是众多专注细分品类的服装工厂的智能化（或在线化），这也是犀牛智造所希望的，既能输出它的智能化模式，也能促进"多对多"生态形成。青岛红领（现为酷特智能）从2003年开始就探索服装行业的柔性供应链，到现在仍然深耕西装领域。未来应该会在不同的服装细分领域出现很多犀牛智造式的青岛红领。

2018年，阿里巴巴集团副总裁、中国内贸事业部总经理汪海曾定位淘工厂模式为"B2S2b2c"，结合阿里巴巴前参谋长曾鸣教授提出的"S2b2c"模式，"新制造"的模式应该是"F2S2b2c"（见图7-3）。其中，"c"是终端顾客，"b"是众多中小商家，"S"是供应链平台，"F"是专注于某细分领域的生产厂家。"b2c"是淘宝网等平台要干的事情，"S"是产业互联网、B2B平台，类似于淘工厂，"F2S"是淘工厂改造项目试图要干的事情，让众多"F"的生产在线是犀牛智造接下来要做的事情。

从淘工厂到犀牛制造，每个环节都有成功实践，所欠缺的是环节间的打通和端到端的贯通。事实上，阿里巴巴的1688事业部一直在为这件事情而努力。

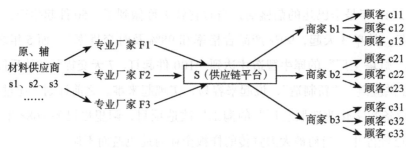

图 7-3 "S2b2c"的变形模式"F2S2b2c"

7.5 活数据，让供需更匹配

7.5.1 质量不高的市场调查

产品是满足客户需求的载体，也是连接企业与客户的主要纽带，供需是否匹配主要体现为产品具有的功能与客户需求之间的吻合度。之前企业研发、交付产品是根据对客户需求的调研进行的。通常存在三个偏差：一是企业调查的可能不是客户关注的；二是由于表达能力所限，客户表达的可能不是真正的需求；三是由于时滞问题，客户之前表达的需求可能已经不同于现在的需求。于是就出现了产品从企划到原型，到成品，到量产，再到畅销的大比例淘汰。

7.5.2 客户反馈的低效利用

很多企业都认为客户的建议和意见是产品改进的重要源泉，但在实践操作中情况却并不如人意。

> **案例**
>
> **某连锁店对待客户意见的态度**
>
> 家中小朋友很喜欢一个连锁品牌的儿童套餐，每次逛商场的时

> 候都要去吃。这个套餐还算精致，小朋友吃得也很香。不过送的赠品——两个棒棒糖，让人很是头疼。小朋友看到棒棒糖的情形，大家应该都能想到。因为他容易咳嗽，还有为了保护他的牙齿，所以每次都得与他斗智斗勇一番，之后把糖扔掉。几乎每次我都问店员能不能换个别的赠品，得到的答复总是"先生，对不起！这是总部配的，我们没办法"。从刚会走步吃到上小学，持续五年之久，小朋友吃遍了所在城市的近十个门店，他已经习惯了棒棒糖要扔掉的做法。在写本书之时，我还特意给这家连锁店的总部打了电话，得到的答复是"是啊，我们一直以来都是赠棒棒糖，全国门店都是"。

为什么会这样呢？是店员没有向上反映的意识吗？个别店员缺乏反映意识，非常正常。但五年来，我可是在不同门店向不同店员反映过数十次了。不会是碰到的所有店员，都没有向上反映顾客建议的意识吧？

是没有向上反映的渠道，还是得到了反映没采取措施？

这是一家来自日本的快餐店，2014年3月在全球已有2000多家门店，目前在中国已有195家门店。如此大规模的连锁企业，不应该没有反馈渠道吧？不应该对提升顾客体验的建议置之不理吧？难道说，其管理方式到了中国就变样了？

是店员没有反映的积极性？为何要反映？干好自己的本职工作就行，多一事不如少一事。向上反映，对个人有什么好处？说不定还留下一个"就你多事，敢质疑总部"的印象。门店员工很多是临时兼职的，就更没有必要去"惹是生非"了。

上面是我的个人经历。你是否有过类似的遭遇呢？比如，当你的某件常用电器出现问题后，打电话给售后，你通常得到的是什么反馈呢？是不是"您这样的问题我们还是第一回听说，别人为啥没有就您有"的类似推诿呢？对方这样的答复是否会让你感觉到是自己在有意刁难售后，是否会让你感到非常气愤（本来因为出问题就很郁闷，结果又碰上了这样的售后回复），是否会决定以后再也不跟这家企业打交道，更不想给它提什么建议了呢？

产生想法是产品改进的开始，而客户建议、意见可能指出了改进的对象或者是改进的源头。如果连客户建议都懒得理会，主动创新就更无从谈起。体验了"数十次反映，得到的只是机械式回复"的场景之后，就想搞清楚有没有办法能充分利用客户的诉求和反馈，让产品更加符合客户需求。

7.5.3　产品将承担数据实时收集

以往，产品自供应商交付（包括安装和使用指导）给客户之后，客户对产品的使用体验如何，供应商是没法了解的。即便有客户反馈或供应商组织的调查，了解的也只是客户使用状况的过去时，并且不可能做到对所有客户使用的所有产品都进行了解。更何况存在大量的客户反馈渠道不畅和客户表达存在偏差的现象。

现今，随着物联网技术与远程控制技术的发展，产品将成为实时收集客户使用状况和发现真实需求的端口。例如，在起重机的起重臂上安装传感器，当起重机工作时，不同起重臂的受力状况、作业温度、疲劳程度等参数被实时传送到起重机厂家的远程控制中心，控制中心一方面依据数据对起重机实施远程监控、运维，一方面把数据共享给研发部门，以便进一步对产品进行改进。

客户的真实需求常常无法直接加以表达，但是他们的行为不会骗人。当产品由之前的供应链末端转变为客户信息收集的前端时，客户的每一次行为都会被实时记录，依据数据企业的研发部门有的放矢地改进产品，后续交付的产品将更加满足客户的真实需求。互联网产品，如今日头条的推送、高德地图的智能导航，已经实现了实时收集数据，实时根据状况加以调整；装备类产品，类似起重机，正在实施中；硬件和软件组合产品，如数码产品，将是接下来实施的重点；纯硬件类产品，如建材家具，长期看也可以实现。

交付产品不再是单向输出，而是供需双方互动真正的开始，这将直接影响供应链上的供需关系，并进而影响供应链的创新驱动。首先被影响的是"客户关系管理"，产品实时收集客户行为数据，客户关系管理部门的职责与定位将要发生改变，客户关系管理（CRM）系统也将进行相应的调整（极有可能客户服务由机器执行）。供需是相对的，企业相对于客户是供应商，相对于供应商是客户，"客户关系管理"发生改变，"供应商关系管理"及相关支撑也会发生改变。

7.5.4 活数据让反馈成为闭环

大数据已经是耳熟能详的概念，它的特征是大量、多样、快速、高质量，但这些并不能帮助企业更好地进行决策。想要让数据有效地支撑决策，就需要不只关注数据的"大"，还要关注数据的"活"。

活数据，是指数据在线，实时记录。物联网客户的行为数据都会被自动记录，只要处于在线状态，数据就会实时地不断增加。

活数据，是全本记录，而非样本抽查。样本抽查的方法更多地适用于静态环境，但对于以 VUCA 为特征的动态环境有些勉为其难。不同于抽样调查，活数据要求所有物联网客户的在线业务数据都被全部记录，这样每个客户的行为都可以被全面而深刻地了解。

在数字技术的帮助下，活数据的记录、存储、整理、计算成本大幅下降。数据不管有用没有，先记录下来，一旦需要可以轻松启用，即所谓的"先储备，后应用"。

数据越真实、越全面、越及时，就越能支持决策，"供应商—产品—客户行为数据—供应商产品改进—客户"的闭路反馈循环就越高效。装有物联网传感器的产品是端，智能算法支持下的供应商研发是云，产品收集的是客户的"活数据"，以高速度、低成本满足海量客户"千人千面"的需求将有望成为现实。

7.6 确权，让创新更积极

7.6.1 积极性现在很稀缺

是什么影响了创新积极性？主要原因是努力得不到认可和回报。如果没有认可和回报，"向上传递顾客建议"如此简单的事情都缺乏去做的积极性，更不用说去开展需要付出很多努力，并很有可能不成功的创新活动了。

可能会有人说，现在的人怎么这样功利，看不到好处，就不去努力。这样的说法，有一点道理，但不完全正确，背后有很多影响深远的制约因素。

首先，创新意味着改变，改变就免不了要质疑既有的做法，而这就有可能让创新者心生忌惮。大家都向往"对事不对人"的文化，而这在现实情景中往往是行不通的。事是由人做的，决定既有做法的那个人非常有可能是现在的同事，说不定还是直接领导。

其次，建议、想法、方案是逐级上报的，最后的成果因为是"集体智慧的结晶"，所以就无法穷尽参与者的名字。更有甚者，别说只是提了个想法，即便是真正的骨干创新者，在最后的成果署名中也大多被排在了后面，当然这比起那些连名字都没有的，着实幸运了许多。

最后，创新者对于不创新者是一种威胁，创新就有可能会打破利益分配格局。"表面上提倡创新，实际上是抵制创新"的管理者大有人在，不仅基层有，中高层也有，创新提案到了他们手中，命运可想而知，越优秀的提案越有可能被扼杀，或者越有可能被"盗用"。

上述几种制约因素的普遍存在，直接导致创新成了口号，或只是形式，而这是积极上进者不愿意碰到的，尤其是那些真正对企业或组织负责的当家人。

创新分为突破式和渐进式两种，对于突破式创新，因为有"集中力量办大事"的传统，通常有较为完善的举措应对上述制约因素；而对于渐进式创新，因为体制、机制的原因，应对上述因素的措施非常缺乏。没有渐进式创新的积累，难有突破式创新的成功，创新人才培养也是如此。

道理谁都懂，企业或组织的负责人也非常清楚，也不断地在努力寻求解决方法。纵观这些年的创新成功案例，能否调动创新积极性是其中的关键。很多企业人士认为，只要员工的创新能动性被激发出来，一切都不是问题。前面提到的三个制约因素，第二个是开启良性循环的"杠杆点"，只要给予创新者相应的认可（名）和回报（利），应对第一个因素，"对事不对人"将不会有太大问题；应对第三个因素，化解"抵制创新"也能找到办法。

如何给予创新者应有的认可（名）和应得的回报（利），并支持创新行为呢？最为关键的一点就是，让创新努力可视化，这大致有三个阶段的三个路径可以依循。

7.6.2　近期建立基于信息系统的创新管理机制

企业创新，按照程度可以分为突破式创新和渐进式创新，前者常常以项目组形式专职攻关，可供使用的资源比较丰富；后者往往是员工个人单独摸索，可利用的资源非常有限，很容易陷入企业保守与上进力量的博弈中。如果企业高层能提早发现那些乐于创新、善于创新的员工，并给予必要的资源支持和精神鼓励，所产生的收益将无可限量。有些领先企业建立了比较完善的创新管理机制，如既得利益者应对机制、创新容错机制、早期支持机制（把资源支持点前移，让员工在发现不足、提出建议时就可以获得激励）。

在创新管理中，可以引入信息系统提升创新管理效率（见图7-4）。

把员工的创意案或建议案存入创新管理信息系统，在保证不泄密的前提下便于全员进行头脑风暴、便于相应部门进行专题攻关。设定一些规则，让被关注多的、被应用多的创意案或建议案获得更多激励，以激发员工更大的创新主动性。经过讨论被认为不合适的建议案，也应该存入创新管理信息系统。现在不合适，不等于以后不合适，等条件发生改变时，说不定就是不错的方案。即便是一直不合适的方案，也可以起到提醒的作用，提醒其他创新参与者"类似问题已经被努力过"。创新管理信息系统的采用，相比于合理化建议被锁在部门主管的抽屉里，或者分别保存在相关领导的硬盘里，更能产生价值；使用创新管理信息系统，还有一个好处就是可以方便地发现创新型员工，以便更好地支持、培育和保护他们。

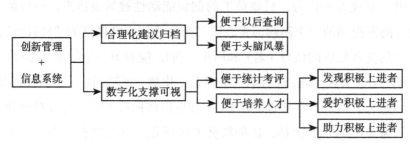

图 7-4　创新管理信息系统的功能及好处

7.6.3　中期建立支持共创的中后台

曾鸣教授的《智能商业》中，对支持共创的中后台，进行了如下阐述：

"脸书内部，有一套工作流软件，它要求所有工程师对于任何产品和技术的讨论，以及他们所写的任何代码，都必须记录在这个工作流软件当中。只有这样做才被认为是在有效工作，任何没有被记录下来的，都不认为是他们的工作，也得不到认可。这样一个工作流体系，实际上相当于一个企业的知识库，里面包含了每一个工程师所写的每一行代码，这样，企业就可以随时查看五年前这个产品背后的逻辑——它的代码为什么是这么写的。这就变成了一个共享知识库。"

对于一名工程师来说，自己的创新工作在内部被接受和被分享就是莫大的认可与奖励。"我第一次写的算法不久就被其他部门复用了，这让我感觉很骄傲，从此我写代码更认真、更小心，我希望别人看到完美的代码。"透明和分享使共创成为可能。在这个过程中，每一次创新都基于过去许多的创新实践，而不用闭门造车、重复建设。每一次创新同样在中后台沉淀，智能、技术、经验、模式都以这种机制日益丰富，共同迭代，从而形成难以被其他企业超越的创新壁垒。

当然，这样做的附带好处是非常令人震撼的，那就是平台对于管理效率的提升。在脸书，晋升在很大程度上不需要重新被讨论。你的能力到了什么程度，你该不该晋升，只要看你最终在这个巨大的知识库里面贡献了多少代码，你的代码被多少人重复使用，你对整个组织的贡献就一清二楚地呈现在大家面前。这样一种平台性合作所提供的价值要远远大于传统管理中每个人都在自己密闭的环境里工作。

强大的中后台让创新以最小的代价、最高的效率得以实现。中后台的能力对应于小团队，甚至单枪匹马的创造者，并能够用创新来撬动价值实现的杠杆系数。强大的中后台同样简化和提升了复杂的创新协同的效率。产品经理和业务团队可以根据场景和设计来调用算法模型，配置参数，从而完成一个数据智能驱动的产品创新，甚至无须算法工程师或数据科学家直接参与和帮助。

7.6.4 远期采用区块链确权

远期可关注区块链数据确权技术的落地应用，让创新者的努力得到保护和收益。据说，区块链有望让"信息互联网"转换为"价值互联网"，真心期盼这样的应用场景可以早日实现。

创新来自一线，高手就在民间。民间的创新能力非常强大。如果某段受广告商欢迎的文字是由两位创作者先后完成的，第一位创作者应该不知道第二位创作者引用了他的创作内容，第二位创作者估计也没有向第一位创作者支付使用费；两位创作者既不知道有多少广告商在使用他们的作品，也不知道有多少人在微信朋友圈转发他们的作品，更不知道可能某本书也会关注到他们的作品；当然这些转发者也不知道文字的创作者是谁，即便相互知道了，索取创作费或支付使用费的可能性也非常小。倘若创作者一直得不到回报，后续的创作动力可想而知。

头脑风暴中提出不同想法的努力相当于不同阶段的内容创作。不少组织开展了很多包含头脑风暴的工作坊，但效果一直很难达到预期，其中的原因大概跟参与者得不到合理回报相关。非常期望区块链所包含的"数据确权、智能合约、通证收益"等先进理念能在激发创新积极性上被先行先试。

7.7 两手抓，让优势更明显

管理创新与数字化应用，两手都要抓，两手都要硬，这样通过供应链创新获得的竞争优势才更明显，才能为企业带来更多的价值。

7.7.1 供应链创新实战的趋势

在经济增速放缓的背景下，在中美贸易的摩擦中，供应链已受到了人们普遍重视。如何将理念上的重视转变为能产生实效的行动呢？这几个创新趋势可能需要注意（见图7-5）。

图7-5 供应链创新实战的趋势

1. 从客观连接到主观贯通

供应链是从供应商到客户的一系列相互连接的供需环节构成的链条。"连接"是供应链存在的形态，制造企业为了存续和发展就必须与外界产生连接。供应链不是因为近年来政府部门和企业领导的"重视"才产生的，而是一直客观存在的。"重视"的目的是提高供应链的效率和效益，不过客观存在的连接不会自然而然地产生高的效率和好的效益，而需要进行主观的努力，要实现从供应商到客户的端到端贯通，这样才能找到让供应链整体效率和效益最大化的解决方案。

2. 从宏观理念到细节落地

提到端到端贯通，立刻就给人一种很宏观的感觉，企业自身、客户状况、供应商状况都得考虑。事实上，贯通也可以很细节，再看一下本章开始提到的案例。某制造企业向客户供应定制设备，由于交付周期比较长，客户希望缩短一些时间，企业销售也愿意配合，但不知道如何下手。在企业计划部门的参与下分析原因、找寻对策，结果发现客户经常在项目后期提出设计变更，设计变更后需要重新采购一些物料，其中几个物料的采购周期特别长，从而大大延长了交付周期。"缩短采购周期"是显而易见的策略，但因为该企业不是供应商的重点客户，供应商不愿意配合，企业采购员也因为事务繁多，缺乏与供应商深度协作的动力。由于缩短交付周期好处众多，最后在企业高层的直接干预下，采用了提高采购价格来缩短采购周期的策略。特定物料的交期是非常细节的内容，企业采购的物料成千上万种，如果没有销售、计划部的反馈，采购部怎么能知道缩短哪种物料的采购周期会有助于产成品交期缩短？更何况提高采购价格还有可能影响采购部门年度 KPI 的完成。由此看来，看似"很宏观"的端到端贯通，实际需要企业众多"很细节"的主观努力才行。

3. 从高深复杂到实操可行

在"大云物移智区"[⊖]背景下，供应链数字化、智慧供应链等术语，以及各种文件里提出要实现的目标，让供应链显得"高大上"；2021 年中兴通讯、2022 年华为引发的国家供应链安全和企业供应链风险，又让普通企业自感无能为力；在理论教学上，供应链往往与运筹学中的库存论、排队论、规划论联系在一起，侧重数学的研究方法让人感觉高深莫测，有的概念把供应链定义为"网链结构"，更加烘托了供应链的复杂性。供应链的任务是"以合适的成本按时保质保量地向客户交付所需的产品或服务"。供应链信息系统无论怎么"高大上"，都是完成任务的工具；供应链问题的确涉及国家安全，但大多数企业能够作为的是围绕任务的供应链策略选择；数学方法，因为假设太多，难以直接有助于任务完成，更多的是提供逻辑解析；网链结构因为复杂，会让具体执行人面对任务一筹莫展。供应链任务的完成

⊖ 即大数据、云计算、物联网、移动互联网、智能化和区块链。

依靠一个个具体问题的解决，供应链需要走出高深，走向实操。如上面提到的定制设备交期压缩问题，无论利用多么"高大上"的工具，需要先解决的是部门的主动性和信息的贯通性。而网链结构应用到这里会徒增太多不确定性和不可控性，还不如线性的链条思维来得简单可行。为了实操性更强，供应链正在渐渐地与行业知识融合。如想要压缩机械设备的交付周期，就需要了解供应商工艺，全面查看钣金、冲压、表面处理、装配的哪个或哪几个环节可以压缩时间。

4. 从少数把控到全员参与

高深的东西往往由少数人来掌控和参与，但要想真正落地，就需要经过实际操作的检验，而一旦进入实际操作就需要多数职员乃至全体职员的参与。"问题在现场，办法在一线"，供应链涉及的既不是少数精英的事情，也不是少数几个部门的事情，需要全体职员全面参与，才能实现供应链的"从客观连接到主观贯通""从宏观理念到细节落地""从高深复杂到实操可行"。任正非要求"让听得见炮声的人来呼唤炮火"，强调了一线、基层的重要性。供应链大抵也是如此，一线职员由于其能力、资源状况，不一定都能去"决策"，但一定都能去"参与"，参与发现问题，参与提出建议，参与优化方案，参与实施反馈。至于参与的程度如何，就看企业的激励能力了。

在以 SCOR 模型为代表的经典理论的导引下，目前制造企业供应链实战大多侧重于"供应链管理"，主要围绕交付与库存展开，以计划部门为主导，采购、销售、物流、生产等部门参与。为了实现"订单不缺货，产线不缺料，库存不积压"，供应链管理努力解决三个问题，即"准备什么库存，准备多少，什么时间准备"。"准备什么库存"关系到供需匹配。"准备多少"受物料质量的影响，因此质检部门、研发部门逐渐参与到供应链管理的范畴，共同围绕质量、成本、交付（简称 QCD）而努力。当下，各个企业都在重视创新，围绕供应链也在开展各种各样的创新，通常分为两种，即供应链环节上的创新和供应链约束下的创新。对于大多数制造企业而言，前者属于重大创新，不经常发生；后者属于细节改善，会经常发生。如类似于前面提到的"为缩短产成品交付周期而对采购策略进行调整"的活动在企业层出不穷。

为了提高供应链的效率和效益，围绕 QCD 的供应链改善逐渐受到了企业的重视。在实施供应链改善的过程中，除了要争取企业高层认可、兄弟部门支持，还需要充分考虑供应链管理信息系统的制约。供应链管理信息系统会制约供应链改善？是的。如前文为缩短产成品交付周期最后采取了提高采购价格的策略，提高采购价格会影响采购控本 KPI 的完成。尽管企业高层愿意把此作为例外考核，但信息系统中的料号和采购方式设置逻辑给后续的改善推进带来了非常大的阻力。眼下，供应链数字化正如火如荼地进行，这尽管会对供应链的例行业务产生极大提升作用，但对供应链改善的制约却会越来越突出。这个现象需要引起特别关注，尤其是对那些通过上云采用 SaaS 模式的系统更要特别注意，不要太看重它有过哪些成功应用，而要多追问"特定场景出现时将如何应对"。

7.7.2　关注和应用数字化技术

"信息流问题解决了，供应链问题就解决了一半。"现代管理只有理念、方法已经不行了，得有数字化工具。信息通信技术（ICT）不仅围绕企业供应链进行了很多创新，也助推了很多供应链的创新。最为明显的就是助推企业从粗放的"经验管理"转型为精细的"数据管理"，例如，数字化的理念和技术渗透到企业各个职能，从而有助于企业高质量发展（见图 7-6）。

当然，ICT 或数字化的实现也不是一蹴而就的，需要企业根据自身状况选择切入点，并依循一定路径逐步升级（见图 7-7）。

近年来，ICT 的发展非常迅猛，大数据、云计算、人工智能、区块链和 5G 技术（简称 ABCD+5G）不断涌现，它们与企业的业务结合出现了"推拉"现象：一是这些技术在寻找应用场景，二是企业发挥供应链的资源整合能力，不断关注新技术的发展，伺机及时引入。

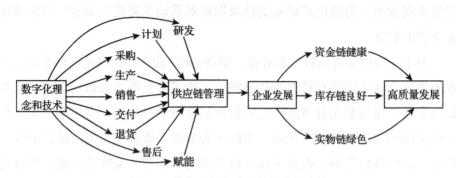

图 7-6 数字化与高质量的供应链连接

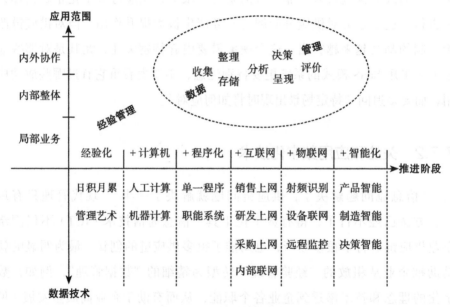

图 7-7 企业的数字化路径

新冠疫情加速了中国企业数字化的进程。面对纷繁复杂的数字技术，企业应如何抉择？"中国 ICT 技术成熟度曲线"可提供一定的启发。企业数字化的目的是利用数字技术促进转型升级，构造可持续竞争优势。利用什么样的技术、什么时候介入，技术成熟度曲线提供了决策参照（见图 7-8），不要为"媒体曝光度"所干扰，而要考虑"工程或商业的成熟度"。

第 7 章 供应链创新：从"降本增效"到"竞争优势" 217

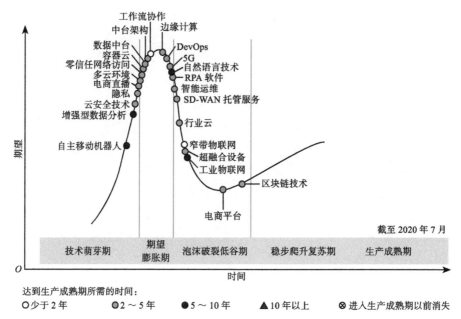

图 7-8 Gartner 2020 年"中国 ICT 技术成熟度曲线"

参 考 文 献

[1] 埃克特斯，布拉基斯，米尼斯，等．供应链4.0：大数据和工业4.0驱动的效率革命[M]．刘大成，周家弘，译．广州：广东经济出版社，2022．

[2] 贝尔，莱．物流与供应链创新手册：颠覆性技术与新型商业模式[M]．张瀚文，译．北京：人民邮电出版社，2021．

[3] 欧文兰德．数字化转型：大数据引导的战略规划、管理升级与落地执行[M]．齐畅，宋旸，译．北京：人民邮电出版社，2020．

[4] 袁建东．供应铁军：华为供应链的变革、模式和方法[M]．北京：机械工业出版社，2020．

[5] 用友网络科技股份有限公司．企业数字化：目标、路径与实践[M]．北京：中信出版集团，2019．

[6] 杨国安，尤里奇．组织革新：构建市场化生态组织的路线图[M]．袁品涵，译．北京：中信出版集团，2019．

[7] 皮尔逊．未来工作：智能时代的竞争力法则[M]．王晓鹏，译．北京：中信出版集团，2018．

[8] 曾鸣．智能商业[M]．北京：中信出版集团，2018．

[9] 布德罗，杰苏萨森，克里尔曼．未来的工作：传统雇用时代的终结[M]．毕崇毅，康至军，译．北京：机械工业出版社，2016．

[10] 刘强东．刘强东自述：我的经营模式[M]．北京：中信出版集团，2016．

[11] 方跃．数字化领导力[M]．北京：中国出版集团，2019．

[12] 赵先德，王良，阮丽旸．高效协同：供应链与商业模式创新[M]．上海：复旦大学出版社，2019．

[13] 马士华，林勇．供应链管理[M]．6版．北京：机械工业出版社，2020．

[14] 萨尔德哈．数字化转型路线图：智能商业实操手册[M]．赵剑波，邓洲，译．北京：机械工业出版社，2021．

[15] 里夫金．韧性时代：重新思考人类的发展和进化[M]．郑挺颖，阮南捷，译．北京：中信出版集团，2022．

[16] 宫迅伟，等．采购全方位领导力[M]．北京：机械工业出版社，2023．

后　记

构建一张全景图，推动数字化转型

写完 7 章，感觉有点儿意犹未尽，总觉得缺点什么。于是，想到前面有个前言，此处再写个后记，既符合中文体例，又可以把想说的话说清楚，期待是凤头豹尾，而不是狗尾续貂。

2004 年，我在一家集团公司做供应链总监，管理 10 家工厂的供应链，应该算是中国比较早的抬头中有"供应链"字样的总监。此前做过几家公司的采购负责人，后来又做了总经理、董事长。一个人看问题的角度难免跟经历有关，所以我常想的问题是，如何推动数字化转型，谁来推动，怎么推动，终点是哪里，路径图是怎样的？2035 年很美好，但今天从何处起步？市面上有哪些软件系统，它们之间是什么关系，要先上哪个系统？哪些可以自己干，哪些交给供应商？

最近两年我又多了几个头衔，受聘为中兴通讯供应链战略咨询委员会专家、上海交大知识产权管理有限公司顾问、广联达平方供应链研究院首席专家、中国建筑材料流通协会重大工程委员会数字化研究室主任，被问得最多的也是这些问题。其实，面向未来，我真不敢自称专家，只能说是一名探索者、思考者。

我把上面这些问题归集为三个点：转型是什么，怎么转，最后再画一张图，供大家开展数字化转型时参考。至于"为什么转"，这里不说了，很多专家在讲，前面 7 章也在讲。

一、转型是什么？首先转的是思维

在数字化转型过程中，人的转型最为关键，而不是简单地上个系统。本书中有一句话：我们与数字化的距离不是技术距离，而是心理距离。这句话不是我的原创，有很多专家说过这种体会，我非常认同。面对快速发展的数字化，我们每个人都可能成为落后时代的"老同志"。

职业的天花板，来自认知的局限；企业的未来，取决于企业家的视野和决断。这是我在本书姊妹篇《采购 2025：数字化时代的采购管理》一书中写下的，至今，我仍然坚信这个判断。

所以，这本书不去深究"拿来就用"的模板，没有讲具体软件的功能，而是讲了很多趋势和心法，或者叫思考方向。数字化转型要因时因地，结合企业实际，没有标准答案。不同的公司有不同的成长基因，需要构建差异化竞争优势，更应该寻找不同的方法。

未来，可能是以一件为批量，都是小批量多品种；会做自己的 CEO，一个人就是一家公司，不用照搬大厂管理模式，大公司、小公司都可以做数字化转型。数字化转型也没有一定之规，但努力的方向就是，用数字化改造现有管理，对内提升效率，对外为客户创造价值。战略错了，再好的战术都没用。

二、如何转？参照数字化采购 4.0 转型路径图

这是我在《采购 2025：数字化时代的采购管理》一书中与几位专家总结的，至今我仍然认可这条路径。

1.0 电子化：记录下来，呈现出来，让管理"看见"

这个阶段的目标是，让每个零件都有身份证，全过程都透明，一切皆数字，一切皆可控。这个阶段的典型特征是无纸化、在线化，采集数据。

2.0 系统化：流动起来，串联起来，让管理更有效率

这个阶段追求的目标是把 1.0 记录的信息，在某个流程、某个功能中流动起来，如 SRM、CRM、MES 等。同时，还会记录数据，为后续智能化做准备。这个阶段的典型特征是自动化，让数据流动。

3.0 集成化：并联起来，互联互通，让管理更协同

这个阶段的目标是打通供应链全链路，实现数据全面采集和打通。管理上，由于企业沟、部门墙；技术上，由于不同 IT 系统间不配套、不兼容，形成信息孤岛。这就需要供应链成员间互联互通、共享信息，最终实现网络协同。

4.0 智能化：数据洞察，挖掘规律，实现智能决策

这个阶段的目标是，一切业务数据化，一切数据业务化，通过数据挖掘，实现智能决策。数据成为生产要素，是企业重要资产，要像管理实物资产一样，有系统的管理办法。如数据治理，用统一的规则，确保数据质量，让数据真的能用，而不是垃圾信息。这个阶段的典型特征是不需要人为干预。

三、数字化转型，必须一把手亲自抓

数字化转型，不是简单地买个软件、上个系统，而是业务模式和商业

模式的重塑。实践告诉我们，数字化转型，通过 IT 总监推动，不能成功；通过业务部门主管推动，不能成功；把工作推给外包公司，更不可能成功。数字化转型，不是技术问题，而是管理问题，必须一把手亲自抓，否则必定失败。

数字化转型，利益相关方众多，需要一把手强大的推动力

数字化转型，会改变人们的工作习惯，会对权责重新分配，一定会面临非常多的阻力，如果大家从心底里不愿意，会找出 100 个理由反对它。数字化转型，是对供应链的赋能和重塑，只有打通供应链全链路，才能充分发挥数据的作用，提升供应链效能。实现这些，需要一把手强大的推动力。

数字化转型，必须双方共建，需要一把手强大的洞察力

数字化转型，需要企业根据自己状况和行业特点来判断使用哪些数字化工具，包括软件、平台、服务方式。数字化转型，不是传统的信息化，起作用的是数据，需要企业方、数字化方案提供商密切合作，共同研讨、共创方案，这需要一把手强大的洞察力。

数字化转型，不能一蹴而就，需要一把手强大的决策力

数字化转型，需要变革的愿景和前瞻性的思维，需要管理层具备数字化的头脑，不可能一次性解决所有的问题，管理也不可能推倒重来，工具不是越先进越好，需要逐步迭代。使用工具，需要熟练；数据发挥作用，也需要沉淀。这个过程，需要包容，需要一把手强大的决策力。

最后，用我在"如何打造供应链竞争优势"课程上经常讲的一句话作为结尾：大处着眼，构建全景图；小处着手，落地又实操。

图 A-1 是供应链数字化转型全景图。

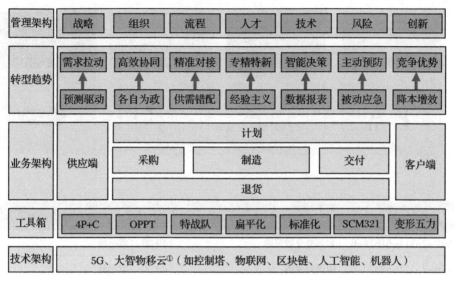

① 大智物移云，即大数据、智能化、物联网、移动互联网和云计算。

图 A-1　供应链数字化转型全景图

SCAN专业采购四大核心能力

书号	书名	定价	作者
978-7-111-51574-6	如何专业做采购	49.00	宫迅伟
978-7-111-58520-6	中国好采购	49.90	宫迅伟
978-7-111-61388-6	采购2025：数字化时代的采购管理	69.00	宫迅伟 等
978-7-111-64175-9	采购全流程风险控制与合规	69.00	宫迅伟 等
978-7-111-64176-6	全面采购成本控制	69.00	宫迅伟 等
978-7-111-64200-8	供应商全生命周期管理	69.00	宫迅伟 等
978-7-111-64267-1	中国好采购2	79.00	宫迅伟
978-7-111-65621-0	全情景采购谈判技巧	69.00	宫迅伟 等
978-7-111-65664-7	采购之道	89.00	宫迅伟 等
978-7-111-69564-6	中国好采购3	79.00	宫迅伟
978-7-111-70772-1	全品类间接采购管理	79.00	宫迅伟 等